本卷收录云冈石窟第1窟至第8窟雕刻及其有关论文、内容总录和图版说明等。其中彩色图版由日本平凡社主持印制,谨此表示谢意。

中国石窟

云冈石窟

一

云冈石窟文物保管所编

文物出版社

目　录

图版目录

1　从第20窟远望云冈石窟中部窟群

3　云冈石窟中部窟群·西部窟群

4 云冈石窟山门及第5·6窟

6 第1窟 東壁・南壁・西壁

7 第1窟 東壁下層北側 本生故事

9　第1窟　西壁中層北側　佛塔

12　第 2 窟　东壁中层　第 2 龛　倚坐佛

13　第2窟　东壁中层　第3龛　坐佛

14　第 2 窟　东壁中层中部　佛塔

15 第2窟　东壁下层北侧　太子竞射

16 第2窟　东壁中层北侧　佛塔

17　第 3 窟外景

18 第3窟 前室上层东侧 塔柱

19　第 3 窟　后室　倚坐佛及胁侍菩萨

21　第3窟　后室　右胁侍菩萨　局部

22　第3窟　后室　左胁侍菩萨　局部

23　第 4 窟　中心塔柱南面

24　第 4-1 窟　东壁　交脚菩萨

第五窟

26　第 5 窟　楼阁　上层东侧　坐佛　局部

33　第 5 窟　西壁第 2 层中部南侧　二佛并坐　局部

34　第5窟　西壁第2層中部南側　龕楣　局部

35　第5窟　西壁第2層上部南側　佛龕

40 第5窟 西壁第3层 第4龛左侧 菩萨

43 第5窟 南壁下层西侧 佛龛

44 第5窟　南壁　拱门西侧　供养菩萨

45　第5窟　南壁中层　佛龛群

46 第5窟 南壁中層 佛龕

48　第5窟　南壁　明窗东侧　佛塔

51 第6窟 中心塔柱南面

52 第6窟 中心塔柱北面

53　第 6 窟　中心塔柱及窟顶

54　第 6 窟　中心塔柱南面下层　佛龛

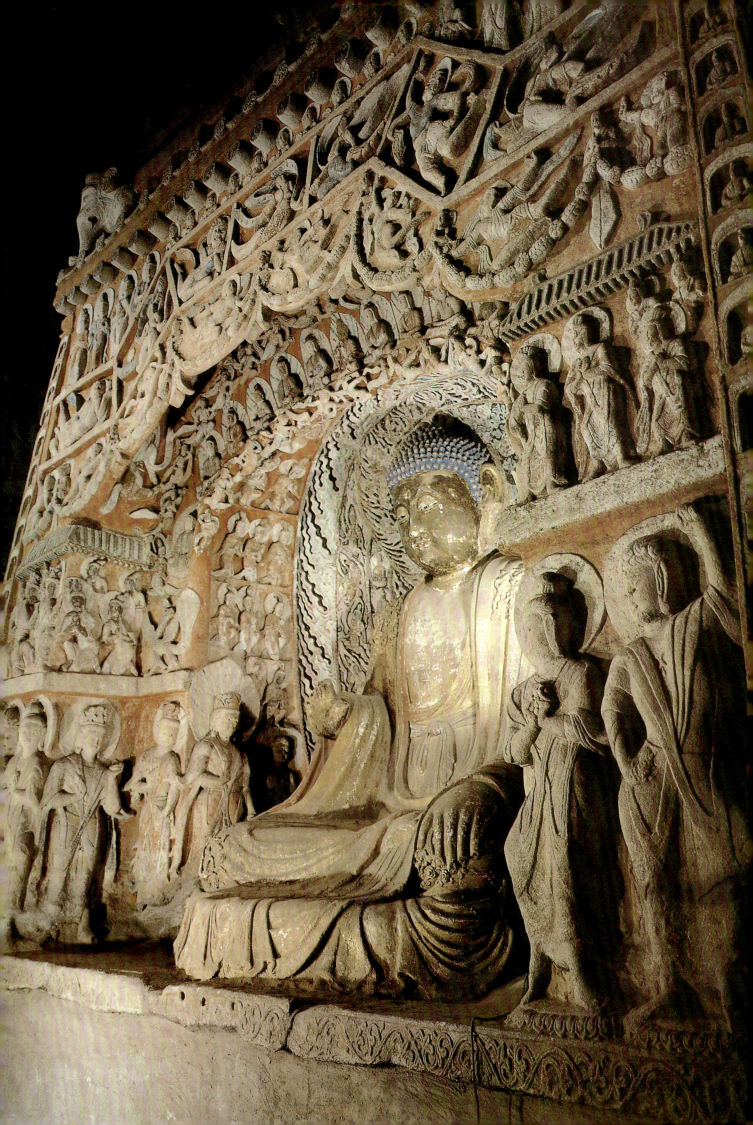

58　第6窟　中心塔柱西面下层　佛龛右侧

60　第6窟　中心塔柱西面下层　佛龛右侧

61　第6窟　中心塔柱西面下层　佛龛左侧

62　第6窟　中心塔柱北面下层　佛龛

67　第6窟　中心塔柱东面下层　佛龛左侧

69 第6窟 中心塔柱东面下层 佛龛左侧

70　第 6 窟　中心塔柱东面下层　佛龛左侧　供养菩萨　局部

71　第 6 窟　中心塔柱东面下层　佛龛左侧　供养天

72　第 6 窟　中心塔柱南面下层　佛龛左侧　佛传故事

73　第6窟　中心塔柱西面下层　佛龛左侧　腋下诞生

75 第6窟 中心塔柱北面下层 佛龛左侧 仙人占相

76 第6窟 中心塔柱北面下层 佛龛右侧 太子回宫

77 第6窟 中心塔柱东面下层 佛龛左侧 佛传故事

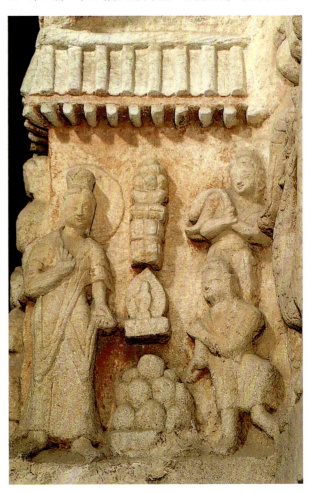

78 第6窟 中心塔柱东面下层 佛龛右侧 商人奉食

80 第6窟　中心塔柱南面下层　龛楣　飞天（1）

81 第6窟　中心塔柱南面下层　龛楣　飞天（2）

82 第6窟　中心塔柱南面下层　龛楣　飞天（3）

83 第6窟　中心塔柱东面下层　龛楣　飞天（1）

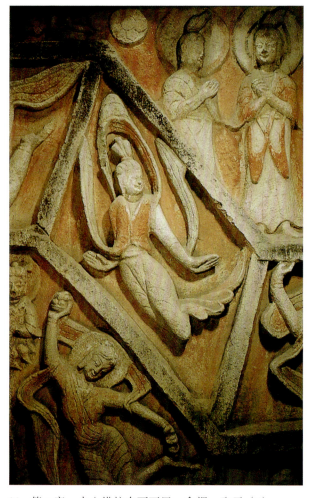

84 第6窟　中心塔柱东面下层　龛楣　飞天（2）

85　第6窟　中心塔柱南面下层　帷幕　飞天（1）　　　　　86　第6窟　中心塔柱南面下层　帷幕　飞天（2）

87　第6窟　中心塔柱东面下层　帷幕　飞天（1）

88　第6窟　中心塔柱东面下层　帷幕　飞天（2）　　　　　89　第6窟　中心塔柱东面下层　帷幕　飞天（3）

91 第6窟 中心塔柱南面上层 佛龛侧面

92 第6窟　中心塔柱南面上层　立佛　局部　　　　　　93 第6窟　中心塔柱东面上层　佛龛

94 第6窟　中心塔柱北面上层　佛龛　　　　　　95 第6窟　中心塔柱西面上层　佛龛

96　第6窟　中心塔柱西面上层　佛龛右侧　胁侍菩萨　　　　97　第6窟　中心塔柱西面上层　佛龛左侧　胁侍菩萨

98　第 6 窟　中心塔柱东面上层　佛龛右侧　胁侍菩萨　　　99　第 6 窟　中心塔柱东面上层　佛龛左侧　胁侍菩萨

100 第6窟　中心塔柱东面上层　佛龛右侧　胁侍菩萨　局部

101 第6窟 中心塔柱南面上层 佛龛顶部东侧 飞天

102 第6窟 中心塔柱南面上层 佛龛顶部西侧 飞天

105　第6窟　东壁中层南侧　龛楣　飞天

106　第6窟　东壁中层北侧　佛龛

107　第6窟　西壁中层中部　佛龛

109　第6窟　西壁中层南侧　佛龛左侧　菩萨　局部

111　第6窟　南壁中層中部　佛龕

118 第6窟　东壁上层中部　佛龛左侧　供养群像

119 第6窟　东壁上层中部　佛龛左侧　胁侍菩萨　局部

120 第6窟　东壁上层中部　佛龛右侧　弟子　局部

121 第6窟　东壁上层中部　佛龛左侧　弟子

126　第 6 窟　西壁上层中部　立佛　局部

127 第 6 窟　西壁上层中部　佛龛左侧　弟子　局部

128 第6窟 南壁 明窗西壁 佛龕

129 第6窟 南壁 明窗東壁 佛龕

131 第6窟　南壁上层西侧　佛龛右侧　供养群像

133 第6窟 北壁上层中部 立佛 局部

134　第6窟　东壁下层　太子竞射

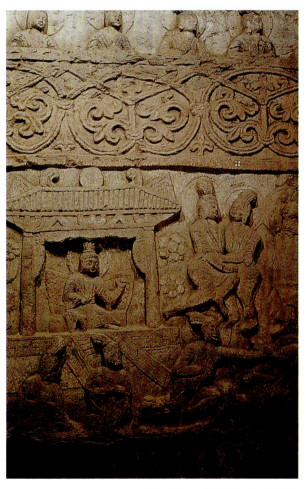

135　第6窟　东壁下层　宫中欢乐

136　第6窟　东壁下层　父王与太子

137 第6窟 东壁下层 出游四门

138 第6窟 东壁下层 出游四门

139 第6窟 东壁下层 出游四门

142 第7窟 后室 北壁上层 龛楣 局部

143 第7窟 后室 北壁上层 佛龛右侧 狮子

144 第 7 窟 后室 上层东南角

146 第 7 窟　后室　东壁第 5 层南侧　佛龛

148　第 7 窟　后室　西壁第 4 层　佛龛

149 第7窟 后室 南壁第5层东侧 佛龛

151 第 7 窟　后室　南壁　明窗东壁　供养菩萨

153 第7窟 后室 南壁 拱门上侧 供养天

158 第7窟 后室 南壁 拱门上侧 伎乐天（1）

159 第7窟 后室 南壁 拱门上侧 伎乐天（2）

160 第7窟 后室 南壁 拱门上侧 伎乐天（3）

161 第7窟 后室 南壁 拱门上侧 伎乐天（4）

162 第 7 窟 后室 窟顶 平棊藻井

163　第7窟　后室　窟顶西部南侧

164 第 7 窟　后室　窟顶中部南侧

166 第7窟 后室 窟顶西部南侧 飞天

167 第7窟 后室 窟顶西部中部 飞天

168 第 7 窟　后室　窟顶中部　飞天（1）

169 第 7 窟　后室　窟顶中部　飞天（2）

171 第7窟 后室 窟顶中部南侧 飞天（4）

172 第7窟 后室 窟顶中部南侧 飞天（5）

174　第8窟　后室　东壁及北壁

176　第8窟　后室　南壁　拱门上侧　供养天

183 第 8 窟　后室　南壁　拱门东壁　摩醯首罗天

184　第8窟　后室　南壁　拱门西壁　鸠摩罗天

185 第8窟 后室 南壁 拱门西壁 飞天

187 第 8 窟　后室　窟顶东部

188　第 8 窟　后室　窟顶中部

189 第8窟 后室 窟顶东部 飞天

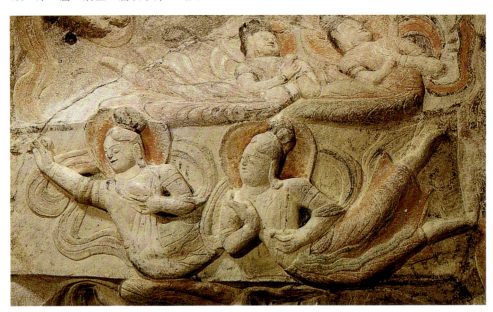

190 第8窟 后室 窟顶中部 飞天（1）

191 第8窟 后室 窟顶中部 飞天（2）

平城实力的集聚和
"云冈模式"的形成与发展

宿白

　　1976年北京大学历史系考古专业恢复石窟寺考古教学以来,考古教研室有关同志在各级考古、文物单位的协助下,对新疆、甘肃、宁夏和中原地区的一些重要石窟进行了一系列的考古调查;同时参考了近年部分国外出版的葱岭以西的石窟考古报告和论著。在此基础上,我们重新观察云冈石窟和阅读有关文献,深感过去对云冈石窟在东方石窟群中所处地位这一重要问题的论述颇为不足。现仅就两个相互关联的内容——北魏统治者长期强制向国都平城聚集人力、物力和"云冈模式"的形成与发展,试作一次复习性的研讨,请海内外同好不吝指正。

一

　　四世纪西晋覆灭,中原战乱频仍,人口流散严重,各割据政权皆以掳掠人口作为增强自己实力的重要措施。淝水战后,前秦瓦解。公元386年,鲜卑奴隶主拓跋珪恢复代国,此后一直到北魏孝文帝拓跋宏时期,北中国的代魏才开始向封建制转变。奴隶主统治阶段,战争主要以获取战俘、财物为目的,拓跋珪复国之初的东征西讨,无不着眼于虏获。现辑有关资料如表一。

①参看中华书局标点本《魏书·太祖纪》校勘记[九]。署是南北朝少府、太府所辖手工业作坊的机构名称,或称曹。北魏亦设三十六曹,见《魏书·崔逞传》和《罗结传》。

②《魏书·食货志》作"十万余家"。《魏书·张济传》作"七万余家"。

③《魏书·铁弗刘虎传附赫连昌传》记此事云:"世祖闻屈孑(赫连勃勃)死,……驰往击之,……分军四出,略居民,杀获数万生口、牛羊十数万,徙万余家而还。"

表一

纪　年	虏　获　记　录	出　处
登国二年(387年)	六月,(道武)帝亲征刘显(南部大人刘库仁子)于马邑南……尽收其部落。	《魏书·太祖纪》
登国三年(388年)	五月癸亥,北征库莫奚。六月,大破之,获其四部杂畜十余万。 十有二月辛卯,车驾西征,至女水,讨解如部,大破之,获男女杂畜十数万。	《魏书·太祖纪》
登国五年(390年)	春三月甲申,帝西征,次鹿浑海,袭高车袁纥部,大破之,虏获生口、马牛羊二十余万。	《魏书·太祖纪》
登国六年(391年)	十有一月……壬午,大破直力鞮(铁弗刘卫辰子)军于铁歧山南,获其器械辎重,牛羊二十余万。 十有二月……自河已南诸部悉平,簿其珍宝、畜产、名马三十余万匹,牛羊四百余万头。……山胡酋人幡颓、业易于等率三千余家降附,出居于马邑。	《魏书·太祖纪》
登国八年(393年)	八月,帝南征薛干部帅太悉佛于三城,……获太悉佛子珍宝,徙其民而还。	《魏书·太祖纪》
登国十年(395年)	十一月,……乙酉夕,至参合陂。丙辰,大破之(慕容宝)。……生擒其陈留王绍……以下文武将吏数千人,器甲辎重、军资杂财十余万计。	《魏书·太祖纪》
皇始元年(396年)	夏六月癸酉,遣将军王建等三军讨(慕容)宝广宁太守刘亢泥(刘显弟),斩之,徙其部落。	《魏书·太祖纪》

皇始二年(397年)	二月……丁丑，军于钜鹿之柏肆坞，……帝设奇陈，……(慕容)宝众大败，……擒其将军高长等四千余人。戊寅，宝走中山，获其器仗辎重数十万计。……冬十月……甲戌；……战于义台坞，……甲申，其(宝弟贺麟)所署公卿、尚书、将吏、士卒降者二万余人。……获其所传皇帝玺绶、图书、府库、珍宝，簿列数万。	《魏书·太祖纪》
天兴元年(398年)	春正月……辛酉，车驾发自中山，至于望都尧山。徙山东六州民吏及徒河、高丽杂夷三十六署①，百工伎巧十万余口②，以充京师。二月，……诏给内徙新民耕牛，计口受田。 十有二月，……徙六州二十二郡守宰、豪杰、吏民二千余家于代都。	《魏书·太祖纪》

表一所列天兴元年春正月徙太行山东六州，即原后燕慕容氏地区的吏民、伎巧以充京师的京师，是指同年"秋七月，迁都平城"(《魏书·太祖纪》)的新都，亦即表中末项所记之代都。此次代魏建都平城，与穆皇帝猗卢"城盛乐以为北都，修故平城以为南都"和昭成帝什翼犍"移都于云中之盛乐宫"(《魏书·序记》)不同，而是"始营宫室，建宗庙，立社稷"(《魏书·太祖纪》)，建立永久性都城。此后，迄孝文帝太和十八年(公元494年)南迁洛阳，平城作为北魏国都长达九十六年。在此期间，据文献所记较为明确的掳获强徙到平城及其附近的人口、财富，有下列诸项记录，见表二。

表二

纪　年	虏　徙　记　录	出　处
天兴二年(399年)	二月丁亥朔，诸军同会，破高车杂种三十余部，获七万余口，马三十余万匹，牛羊百四十余万。骠骑大将军、卫王仪督三万骑别从西北绝漠千余里，破其遗进七部，获二万余口，马五万余匹，牛羊二十余万头，高车二十余万乘，并服玩诸物。……庚戌，……以所获高车众起鹿苑，……又穿鸿雁池。	《魏书·太祖纪》
天兴五年(402年)	二月癸丑，征西大将军，常山王遵等至安定之高平，(姚兴高平公)木易于(没奕于)率数千骑与卫辰、屈丐弃国遁走，……获其辎重库藏，马四万余匹，骆驼、牦牛三千余头，牛羊九万余口。……徙其民于京师。 五月，姚兴遣其弟安北将军、义阳公平率众四万来侵，……秋七月戊辰朔，车驾西讨。八月乙巳，至于柴壁，平固守。进军围之，姚兴悉举其众来救。……冬十月，平赴水而死，俘其余众三万余人。……(获兴)四品将军已上四十余人。	《魏书·太祖纪》
天兴六年(403年)	春正月辛未，朔方尉迟部别帅率万余家内属，入居云中。	《魏书·太祖纪》
天赐元年(404年)	三月丙寅，擒姚兴宁北将军、泰平太守衡谭，获三千余口。	《魏书·太祖纪》
永兴五年(413年)	秋七月己巳，……奚斤等破越勤倍泥部落于跋那山西，获马五万匹，牛二十万头，徙二万余家于大宁，计口受田。八月癸亥，奚斤等班师。甲寅，帝临白登，观降民，数军实。……辛未，……置新民于大宁川，给农器，计口受田。	《魏书·太宗纪》
泰常三年(418年)	夏四月己巳，徙冀、定、幽三州徒河于京师。 五月壬子，车驾东巡，……遣征东将军长孙道生……袭冯跋，……道生至龙城，徙其民万余家而还。	《魏书·太宗纪》
始光三年(426年)	十有一月戊寅，帝率轻骑二万袭赫连昌。壬午，至其城下，徙万余家而还③。	《魏书·世祖纪》上
始光四年(427年)	六月乙巳，车驾入(统万)城，虏(赫连)昌群弟及其诸母、姊妹、妻妾、宫人万数，	《魏书·世祖纪》上

	府库珍宝、车旗器物不可胜计。擒昌尚书王买、薛超等及司马德宗将毛修之、秦雍人士数千人,获马三十余万匹,牛羊数千万。	
神䴥二年(429年)	夏四月庚寅,车驾北伐,……蠕蠕震怖,焚烧庐舍,绝迹西走。……冬十月,振旅凯旋于京师,告于宗庙。列置新民于漠南,东至濡源,西暨五原、阴山,竟三千里。	《魏书·世祖纪》上
神䴥三年(430年)	十有一月乙亥,常幸安定,获乞伏炽磐质子及定(赫连昌弟)车旗,簿其生口、财富、……庚子,帝自安定还临平凉。……十有二月丁卯,定弟社于、度洛孤面缚出降,平凉平,收其珍宝。……关中平。	《魏书·世祖纪》上
神䴥四年(431年)	三月庚戌,冠军将军安颉献(刘)义隆俘万余人,甲兵三万。	《魏书·世祖纪》上
延和元年(432年)	六月,上伐北燕,举燕十余郡,进围和龙,徙豪杰三万余家以归。	《魏书·天象志》三
延和三年(434年)	六月辛亥,抚军人将军、永昌王健……督诸军讨和龙。芟其禾稼,徙民而还。	《魏书·世祖纪》上
太延元年(435年)	三月庚子,……诏长安及平凉民徙在京师,其孤老不能自存者,听还乡里。六月戊申,诏骠骑大将军、乐平王丕等五将率骑四万东伐(冯)文通。秋七月己卯,丕等至于和龙,徙男女六千口而还。	《魏书·世祖纪》上
太延二年(436年)	(尉眷)从征和龙,眷督万骑前驱,慰喻降二千余户。	《魏书·尉古真传附侄眷传》
太延五年(439年)	八月丙申,车驾至姑臧……九月丙戌……镇北将军封沓讨乐都,掠数千家而还。……冬十月辛酉,车驾东还,徙凉州民三万余家于京师④。	《魏书·世祖纪》上
太平真君二年(441年)	冬十有一月庚子,镇南将军奚眷平酒泉,获沮渠天周……男女四千口。	《魏书·太祖纪》下
太平真君七年(446年)	三月,……徙长安城工巧二千家于京师。	《魏书·世祖纪》下
太平真君八年(447年)	三月,……徙定州丁零三千家于京师。	《魏书·世祖纪》下
太平真君九年(448年)	二月,……徙西河离石民五千余家于京师。	《魏书·世祖纪》下
正平元年(451年)	三月己亥,车驾至自南伐,……以(淮南)降民五万余家分置近畿⑤。	《魏书·世祖纪》下
皇兴三年(469年)	五月,徙青齐人于京师⑥。显祖平青齐,徙其族望于代。	《北史·魏本纪》二《魏书·高允传》
太和五年(481年)	二月,……假梁郡王嘉大破(萧)道成将,俘获三万余口送京师⑦。	《魏书·高祖纪》上

以上所列资料告诉我们:从建都平城之年起,凡是从被北魏灭亡的各个政权区域内强制迁徙,或是从南北战场俘获的人口、财物,主要都集中到平城及其附近。集中的数字是庞大的,就人口而言,最保守的估计,也要在百万人以上;而被强制徙出的地点如山东六州、关中长安、河西凉州、东北和龙(即龙城)和东方的青齐,都是当时北中国经济、文化最发达的地方。迁移的同时,还特别注意对人才、伎巧的搜求。关于这个问题,除了表二所举内容之外,以下几项记录,可以作进一步的补充说明。

登国十年(公元395年)"秋七月,慕容垂遣其子宝来寇五原,造舟收谷。……冬十月辛未,宝烧船夜遁。……十一月丙戌,大破之。……于俘虏之中擢其才识者贾彝、贾闺、晁崇等与参谋议,宪章故实。"(《魏书·太祖纪》)[8]

永兴五年(公元413年)"二月,诏分遣使者巡求隽逸,其豪门强族为州闾所推者,及有文武才干、临疑能决,或有先贤世胄、德行清美、学优义博、可为人师者,各令诣京师,当随才叙用,以赞庶政。"(《魏书·太宗纪》)

神䴥四年(公元431年)"九月壬申,诏曰:……方将偃武修文,遵太平之化,理废职,举逸民,拔起幽穷,延登隽乂,昧旦思求,想遇师辅,虽殷宗之梦板筑,罔以加也。访诸有司,咸称范阳卢玄、博陵崔绰、赵郡李灵、河间邢颖、渤海高允、广平游雅、太原张伟等,皆贤隽之胄,冠冕州邦,有羽仪之用。……如玄之比,隐迹衡门,不耀名誉者,尽敕州郡,以礼发遣。逐征玄等及州郡所遣,至者数百人,皆差次叙用。"(《魏书·世祖纪》上)

"历城降,(慕容)白曜送(刘)休宾及宿有名望者十余人,俱入代都为客。"(《魏书·刘休宾传》)

李彪"表曰……自太和建号,逾于一纪,典刑德政,可得而言也。……臣谓宜于河表七州[9]人中,擢其门才,引令赴阙,依中州官比,随能序之。一可以广圣朝均新旧之义,二可以怀江汉归有道之情。……高祖览而善之,寻皆施行。"(魏书·李彪传》)

再具体些,我们可从《魏书·列传》中看到道武时收罗后燕人才,明元时容纳姚秦人才,太武时除网罗中原人士外,还征用夏、南燕、北燕、北凉人才,还有献文时内徙青齐人才,孝文时擢举河表人才,其数字都是相当巨大的。因此,这座近百年的北魏都城——平城及其附近,自太武帝以来,不仅是北中国的政治中心,而且形成了北中国的经济、文化中心。加上这里集聚的大量劳动人手和从北中国征调来的巨大财富[10],平城内外筑造了一批批规模宏伟的建置,就不是偶然的事了。在许多大规模的建置中,就劳动量之大和工期之长而言,应以幸存于今的云冈石窟,即《魏书》所记的武州山石窟寺为最。

二

云冈石窟位于今山西大同旧城西十五公里。"太和中为尚书主客郎"(《魏书·酷吏·郦道元传》)、正光末(公元524年)又以持节兼黄门侍郎职务到过平城的郦道元[11],曾简记其盛况:

"武州川水又东南流,水侧有石祇洹舍并诸窟室,比丘尼所居也。其水又东转,迳灵岩南,凿石开山,因崖结构,真容巨壮,世法所希,山堂水殿,烟寺相望,林渊锦镜,缀目新眺。"(戴本《水经注·漯水》)
除了武州川水和河床后世稍作移动[12]和窟室雕像略有崩塌、剥蚀外,今天基本上还保存着原貌。

云冈石窟,始于文成帝和平初(公元460年),为一般所习知。其事见《魏书·释老志》:

"和平初,(道人统)师贤卒。昙曜代之,更名沙门统[13]。……昙曜白帝,于京城西武州塞,凿山石壁,开窟五所,镌建佛像各一。高者七十尺,次六十尺,雕饰奇伟,冠于一世。"
北魏云冈石窟工程的结束,金皇统七年(公元1147年)曹衍撰《大金西京

④《资治通鉴考异》卷五:"(《十六国春秋钞》)云三十万户,今从《后魏书》。"《魏书·刘昞传》记此事云:"世祖平凉州,士民东迁。"

⑤《建康实录》卷十二:"(元嘉)二十八年(公元451年)正月丁亥,魏太武自瓜步退归,俘广陵居人万余家北。徐、豫、青、冀、二兖州杀戮不可胜计,所过州县无遗矣。"此事不见《宋书·文帝纪》,当出自裴子野《宋略》。

⑥《水经注·漯水》记此事云:"魏皇兴三年,齐平,徙其民于(阴馆)县,立平齐郡"。

⑦《魏书·岛夷肖道成传》作"二万余口"。

⑧参看《魏书·贾彝传》、《魏书·术艺·晁崇传》。

⑨《资治通鉴》齐永明六年《胡注》:"河表七州,秦、雍、岐、华、陕、河、凉也。以下文'怀江、汉归有道之情'证之,则七州当谓荆、兖、豫、洛、青、徐、齐也。河表,直谓大河之外"。

⑩《大唐内典录》卷四《后魏元氏翻传佛经录》记:"恒安郊西大谷石壁皆凿为窟……谷东石碑见在,纪其功绩不可以算也。其碑略云:自魏国所统赋赋,并成石窟。故其规度宏远"。

⑪参看《魏书·肃宗纪》、《北史·魏诸宗室·太武五王·广阳王建传附孙深传》和《北史·郦范传附子道元传》。

⑫见《大金西京武州山重修大石窟寺碑》。碑文云:"(天会)九年(公元1131年),元帅府以河流近寺,恐致侵啮,委烟火司差夫三千人改拨河道,此则皇朝外护之大略也。"该碑录文,见拙著《大金西京武州山重修大石窟寺碑校注》,刊《北京大学学报》人文科学版1956年1期。

⑬"更名沙门统"之后,《释老志》接着的一段文字是:"初,昙曜以复佛法之明年,自中山被命赴京,值帝出出,见于路,御马前衔曜衣,时以为马识善人。帝后奉以师礼"。以"初"字开端,就说明了这是插入的另一段。复佛法之明年,即兴安二年(公元453年),是昙曜自中山被命赴京遇帝于路之年,与下文"开窟五所"无关。过去有些研究者曾以复佛法之明年为昙曜开窟之年,显系误解。

武州山重修大石窟寺碑》(以下简作《金碑》),据当时窟内所存遗刻的最迟纪年是孝明帝正光五年(公元524年),谓"终乎正光"[14]。自和平初迄正光五年,计六十四年。在这六十多年间,北魏朝野在云冈开凿了大小窟室数百座,工程浩大,形制繁缛。本世纪初以来,研究者在调查其历史年代和艺术源流之次,逐渐研讨其排年分期和窟室类型[15]。首先出现某些有代表性特征的类型,可暂称之为模式。云冈模式先后有显著的发展变化,它的出现与发展都应与分期问题联系起来。云冈石窟一般分三期,现按期[16]试述我们对云冈模式的初步考虑。

三

云冈第一期窟室,我们认为只包括和平初昙曜主持开凿的五座窟(图1),亦即位于云冈石窟群中部西侧的第16—20窟。五窟的共同特征极为显著,现分窟室形制、布局、主要造像组合、造像形制和装饰纹带五项表列如下,见表三。

表三

窟室形制	椭圆形平面、穹窿顶、摹拟草庐形式的大型窟。原窟口上方皆凿出明窗。
布局	主像形体高大,占据窟内面积的绝大部分。前壁和壁面所余面积不大的左右壁,大多没有统一的设计;唯第19窟满雕千佛,并在前壁左右两隅的千佛中,各现一较大的立佛,西者为罗睺罗实子因缘像。
主要造像组合	三佛[17]。第16、18—20窟皆以释迦为主像,第17窟以未来佛弥勒菩萨为主像。
造像形制	形象为广颐、短颈、宽肩、厚胸,造型雄健。佛像流行通肩或右袒服饰,菩萨斜披络腋,胸前饰短璎珞。
装饰纹带	莲瓣、连珠、单列忍冬。

最近在大同市北郊小石寺村大沙沟北发现的鹿野苑石窟主窟,在窟室形制、布局和造像形制方面,也具有类似的上述特征(图2)[18]。鹿野苑石窟,据《魏书·显祖纪》记载:"(皇兴)四年(公元470年)十有二月甲辰,幸鹿野苑石窟寺",知建于献文帝时期。由此可知,这一类石窟是公元460年至公元470年间平城地区开凿石窟的流行式样。这种式样的石窟,就已知的资料,自南亚、中亚以迄我国新疆、甘肃地区,都还没有发现相似的先例。因此,我们认为它应是五世纪中期平城僧俗工匠在云冈创造出的新模式。需要我们考虑的是:公元470年以前的平城,有没有新创石窟模式的条件。

首先,如上文所述,从道武帝天兴元年建都起,平城已逐渐集聚了大量的物质力量,特别是集中了北中国的人才、工巧。

其次,根据记录北魏佛教事迹的重要典籍《魏书·释老志》,知道从都平城之始,迄太武帝灭法之前,包括太武在内的北魏最高统治者皆尊奉佛教,太武末年短期废佛(公元444年—公元451年),似乎更刺激了佛教的迅速发展。现按年代顺序,摘录《释老志》有关文字,并略附解释如下:

"天兴元年(公元398年),(道武)下诏曰:'夫佛法之兴,其来远矣。济益

[14]参看[12]。

[15]1902年,日本伊东忠太发表云冈旅行记于《建筑杂志》第189号,并讨论其艺术源流于《北清建筑调查报告》之后,曾引发云冈雕像来源的研讨。法人沙畹(E.chavannes)于其《北中国考古图录》卷2(Mission archéologiques dans la chine septentrionale, Tome II)解说(1915年)、日人大村西崖于其《中国美术史·雕塑篇》(1915年)、松本文三郎于其《佛像の美术史的研究》(刊《哲学研究》1卷1号,1916年)、小野玄妙于其《极东三大艺术》(1924年)、关野贞·常盘大定于其《中国佛教史迹》第2册解说(1926年)都有论述。稍后,梁思成、林徽音、刘敦桢《云冈石窟中所表现的北魏建筑》,研究了云冈建筑装饰中的西方因素(刊《中国营造学社汇刊》第4卷3、4期,1933年)。以上诸著也讨论了云冈历史,但系统考证云冈史料工作,当推1919年发表于《东方杂志》第16卷2、3号的陈垣《记大同武州山石窟寺》。1950年—1956年出版水野清一、长广敏雄的16卷本《云冈石窟》,应是迄五十年代中期总结云冈研究的巨作。该书第6卷序章《云冈石窟の谱系》(1951年)、第10卷序章《云冈样式かり龙门样式へ》(1953年)、第11卷序章《云冈以前の造像》(1954年)、第12卷序章《云冈雕刻の西方样式》(1954年)、第15卷序章《中国にわける石窟寺院》(1955年)和第16卷总结《云冈造窟次第》等论文,对云冈的源流、排年分期和窟室类型的研究,都达到了当时可能达到的高水平。

[16]参看拙著《云冈石窟分期试论》,刊《考古学报》1978年1期。

[17]参看刘慧达《北魏石窟中的"三佛"》,刊《考古学报》1958年4期。

[18]参看李治国、刘建军《北魏平城鹿野苑石窟调查记》,刊本卷。

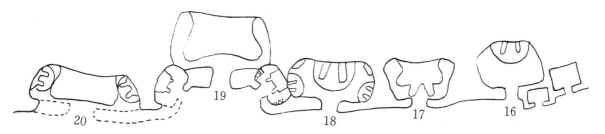

图1　昙曜五窟（第16～20窟）平面图

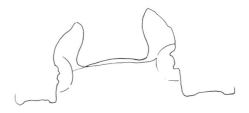

图2　鹿野苑石窟第6窟平面图

之功,冥及存没,神踪遗轨,信可依凭。其敕有司于京城建饰容范,修整宫舍,令信向之徒,有所居止。'是岁,始作五级佛图、耆阇崛山及须弥山殿,加以绘饰。别构讲堂、禅堂及沙门座,莫不严具焉。"可见平城建都伊始,道武帝即在新都修建了各种颇具规模的佛教建筑。道武帝又礼赵郡沙门法果,诏"赴京师,后以为道人统,绾摄僧徒。"法果倡言"太祖明睿好道,即是当今如来,沙门宜应尽礼,遂常致拜。谓人曰:'能鸿道者人主也,我非拜天子,乃是礼佛耳。'"北朝布教与南方有别,在北魏新都传布的初期,即积极投靠政治势力,主张佛即天子,主动致敬人主,因而取得有力的外护。所以明元帝即位"仍令沙门敷导民俗,"并于"京邑四方建立图像"。"世祖初即位,亦遵太祖、太宗之业,每引高德沙门与共谈论。于四月八日,舆诸佛像,行于广衢,帝亲御门楼,临观散花,以致礼敬"。始光四年(公元427年),"统万平,惠始到京都,多所训导,……世号之曰白脚师"。太延元年(公元435年),北魏攻陷盛行佛教的和龙,龙城人口大量西迁。当和龙陷魏之前,黄龙僧即多外出求法、驻锡,此时自应有一定数量的僧徒随迁民入平城[19]。太延五年(公元439年),"凉州平,徙其国人于京邑,沙门佛事皆俱东,象教弥增矣。"其时聚于平城的高僧,见于著录的有景穆帝师事的玄高、尚书韩万德的门师慧崇、玄高弟子玄畅和为北凉太傅张谭所伏膺的昙曜等[20]。由此可见,太武帝废佛之前,平城佛事已相当繁盛。

太平真君七年(公元446年)三月,重申毁佛诏令,由于监国景穆缓宣,"四方沙门多亡匿,获免;在京邑者亦蒙全济。金银宝像及诸经论大得秘藏"。故当文成帝"践极,下诏曰:……释迦如来,功济大千,惠流尘境,……助王政之禁律,益仁智之善性,排斥群邪,开演正觉。故前代已来,莫不崇尚,亦我国家常所尊事也。……朕承洪绪,君临万邦,思述先志,以隆斯道"之后,"天下承风,朝不及夕,往时所毁图寺仍还修矣。佛像经论皆复得显。京师沙门师贤,本罽宾国王种人,……罢佛法时,师贤假为医求还俗,而守道不改。于修复日,即反沙门。其同辈五人,帝乃亲为下发。师贤仍为道人统。是年(公元452年)诏有司为石像,令如帝身。""兴光元年(公元454年)秋,敕有司于五级大寺内,为太祖已下五帝铸释迦立像五,各长一丈六尺,都用赤金二十五万斤"。其前一年,即兴安二年(公元453年),昙曜"自中山被命赴京,……奉以师礼。""太安初(公元455年),有师子国胡沙门邪奢遗多、浮陀难提等五人,奉佛像三,到京都,皆云备历西域诸国,见佛影迹及肉髻,外国诸王相承,咸遣工匠摹写其容,莫能及难提所造者。……又沙勒(疏勒的异译)胡沙门赴京师,致佛钵并画像迹。"后五年即和平初(公元460年)"昙曜白帝,……开窟五所"。公元465年,献文帝即位,根据刘宋沙门传说,建天安年号[21]。公元467年,孝文帝生,敕"起永宁寺,构七级佛图,高三百余尺,基架博敞,为天下第一。又于天宫寺造释迦立像,高四十三尺,用赤金十万斤,黄金六百斤。皇兴中(公元467年—公元471年),又构三级石佛图,椽栋楣楹,上下重结,大小皆石,高十丈。镇固巧密,为京华壮

⑲参看汤用彤《汉魏两晋南北朝佛教史》第14章《佛教之北统》。

⑳上述此时的平城高僧,俱见《高僧传》卷11《魏释玄高传》。

㉑参看⑲。

181

观"。又"建鹿野佛图于苑中之西山，……岩房禅堂，禅僧居其中焉。"上述一系列事迹，可以说明公元470年以前，平城佛教实力已极雄厚，佛教建置日臻壮丽。

第三，自太武帝以来，北魏即与兴建佛寺较盛的西域诸佛教国家与地区交往频繁。这些国家与地区，有的还曾一度划归北魏领域。《北史·西域传序》综述往还之盛云：

"太延中(公元435年—公元440年)，魏德益以远闻，西域龟兹、疏勒、乌孙、悦般、渴槃陀、鄯善、焉耆、车师、粟特诸国王始遣使来献。……于是，始遣行人王恩生、许纲等西使。……又遣散骑侍郎董琬、高明等多赍锦帛，出鄯善，招抚九国，厚赐之。初，琬等受招，使道之国可往赴之。琬过九国，北行至乌孙国。其王得魏赐，拜受甚悦，谓琬等曰：传闻破洛那、者舌皆思魏德，欲称臣致贡。……琬于是自向破洛那，遣明使者舌[22]。……已而，琬、明东还，乌孙、破洛那之属遣使与琬俱来贡献者十有六国。自后相继而来，不间于岁，国使亦数十辈矣。"

其中重要的佛教国家和地区如鄯善、焉耆、龟兹、疏勒、粟特和于阗、渴槃陀、罽宾等，都和北魏有较密切的关系。现简录这几个国家和地区的情况如下：

鄯善　"其国王奉法，可有四千余僧，悉小乘学"(《法显传》)。太平真君六年(公元445年)四月，太武因鄯善断塞行路，"诏散骑常侍、成周公万度归乘传发凉州以西兵袭鄯善。……八月，度归以轻骑至鄯善，执其王真达以诣京师。"九年(公元448年)"五月甲戌，以交趾公韩拔为假节、征西将军、领护西戎校尉、鄯善王，镇鄯善，赋役其民，比之郡县"(《魏书·世祖纪》下)。其后，"世祖拜(王安都)为太子庶子，出为鄯善镇将"(《魏书·王建传附安都传》)[23]。

焉耆　"文字与婆罗门同。俗事天神，并崇信佛法。尤重二月八日、四月八日。是日也，其国咸依释教，斋戒行道焉"(《周书异域传》下)。"恃地多险，颇剿劫中国使"(《北史·西域传》)。太平真君九年(公元448年)八月，"成周公万度归讨之。……度归进屠其城，四鄙诸戎皆降服。……遂命度归镇抚其人"(《北史·西域传》)，置焉耆镇。"(车师王车)伊洛[24]收集遗散一千余家，归焉耆镇"(《魏书·车伊洛传》)。十一年(公元450年)，伊洛上书要求赈救，"下招抚慰之，开焉耆仓给之"(《北史·西域传》)。

龟兹　又译作拘夷，"拘夷国，(佛)寺甚多，修饰至丽，王宫雕镂立佛像与寺无异"(《出三藏记集》卷十一《比丘尼戒本所出本末序》)。"城中塔庙千数"(《太平御览》卷一二五引崔鸿《十六国春秋·后凉录》)。太平真君九年十二月，"太武诏万度归率骑一千以击之，龟兹遣乌羯目提等领兵三千距战，度归击走之，……大获驼马而还。……自后每使朝贡"(《北史·西域传》)。

于阗　"俗重佛法，寺塔、僧尼甚众。王尤信尚，每设斋日，必亲自洒扫馈食焉。……献文末，蠕蠕寇于阗，于阗患之，遣使素目伽上表曰：……奴世奉大国，至今无异。今蠕蠕军马到城下，奴聚兵自固，故遣使奉献，遥望救援。帝诏公卿议之。……先是，朝廷遣使者韩羊皮使波斯，波斯王遣使献驯象及珍物。经于阗，于阗中于王秋仁辄留之，……羊皮言状，帝怒，又遣羊皮奉诏责让之。自后每使朝贡"(《北史·西域传》)。

渴槃陀　"风俗与于阗相类"(《梁书·西北诸戎传》)，"亦事佛道"(《北史·西域传》)，太延、兴安、和平时皆遣使朝献，见《魏书·帝纪》。

[22]参看中华书局标点本《北史·西域传》校勘记[一]。

[23]《魏书》多记鄯善镇事，但除此所录两事外，皆指《元和郡县志》陇右道上鄯州条下所记"后魏以西平郡为鄯善镇，孝昌二年(公元526年)改镇立鄯州"的鄯州。参看唐长孺《南北朝时期西域与南朝的陆路交通》，该文收入《魏晋南北朝史论拾遗》(1983年)。

[24]《北史·西域传》作"车夷落"。

疏勒　"其国(竭叉,疏勒之异译)王作般遮越师,汉言五年大会也。会时,请四方沙门皆来云集,……其国中人为佛齿起塔。有千余僧,尽小乘学"(《法显传》)。文成帝时,"沙勒(疏勒之异译)胡沙门赴京师,致佛钵并画像迹"(《魏书·释老志》),"文成末,其王遣使送释迦牟尼佛袈裟一,长二丈余"(《北史·西域传》)。

罽宾　"罽宾国在舍卫之西,国王民人悉奉佛,道人及沙门,到冬,未中前饮少酒,过中不复饭"(《艺文类聚》卷七十六引支僧载《外国事》)。"其人工巧,雕文刻镂织罽,……每使朝献"《北史·西域传》)。朝献的最早记录是兴安二年(公元453年),见《魏书·高宗纪》。

粟特　《北史·西域传》所记康国(又译悉万斤、悉居半)、石国(又译者舌)皆属粟特。《出三藏记集》、《高僧传》著录自汉以来康姓译经者,皆来自康国。《北史·西域传》记康国"奉佛,为胡书",又记"其国(粟特)商人先多诣凉土贩货,及魏克姑臧,悉见虏。文成初,粟特王遣使请赎之。诏听焉"。

以上三方面的资料表明:平城既具备充足的人力、物力和包括工巧在内的各种人才;又具有雄厚的佛事基础,包括建寺造像的丰富经验;还和早已流行佛教的西域诸国往还密切,包括佛像画迹的传来。有了这些条件,北魏皇室以其新兴民族的魄力,融合东西各方面的技艺,创造出新的石窟模式,应是理所当然的事。

开窟雕凿巨像,葱岭东西似以新疆拜城、库车的龟兹石窟为最早[25],但龟兹大像窟与云冈仿草庐的形制完全不同。云冈主要造像组合——三佛和以未来佛弥勒菩萨为窟内的主要造像,也为云冈以前各地石窟所罕见。就佛像的形制而言,在服饰方面,许多研究者都认为云冈第一期大像,既有中亚健驮逻(Gandhara)流行的衣着,如第20窟佛像刻出厚重衣纹的右袒或通肩服装,又有印度笈多(Gupta)时期秣菟罗(Mathura)地方流行的衣着,如第19窟西南隅罗睺罗实子因缘中的立佛和第18窟主像立佛刻出贴体衣纹的通肩或右袒服装[26]。这两种服饰,与新疆、甘肃早期石窟造像和云冈石窟开凿以前北魏雕铸的铜石佛像的衣着特征相一致[27]。在造型方面,云冈第一期大像所具有的广颐、短颈、宽肩、厚胸等造型特点,虽与葱岭东西乃至甘肃及其以东早期佛像多有接近处[28],但其雄健之姿尤为突出。所以研究者多联系《魏书·释老志》所记北魏佛教有天子即是当今如来的传统和文成帝即位后所造石像"令如帝身,既成,颜上足下各有黑石,冥同帝体上下黑子"的敕令,推测昙曜五窟的主要佛像有可能仿效北魏皇帝的形象[29]。沿西方旧有佛像服饰的外观,摹拟当今天子之容颜风貌,正是一种新型的佛像融合。

总之,云冈第一期石窟,就整体观察,它参考前规,融以新意,有自己的显著特色,从而构成了第一期的云冈模式。

四

云冈第二期窟室主要开凿在云冈石窟群中部东侧,有第7、8窟,第9、10窟、第5、6窟和第11、12、13窟;还有开凿在东部的第1、2窟和第3窟等。它们的共同特点是汉化趋势发展迅速,雕刻造型追求工丽。而融进的西方因素,虽仍有些新的内容,但似已侧重于护法形象和各种装饰。其具体情况略如表四。

[25]参看拙作《克孜尔部分洞窟的类型与年代》,刊《中国石窟·克孜尔石窟》Ⅰ。阿富汗巴米羊东西两大佛窟,近年或有论其迟于云冈者;即使开凿年代较早,其整体样式亦与云冈有异。

[26]伊东忠太于其《北清建筑调查报告》中,最早提出云冈雕像受有健驮逻(Gandhara)影响,其后,松本文三郎于《佛像の美术的研究》中又提出云冈雕像受有笈多(Gupta)影响。关于云冈雕像西方影响问题的研究,可参看水野清一、长广敏雄《云冈石窟》第12卷序章《云冈雕刻の西方样式》和长广敏雄《佛教美术の东流》,刊《云冈石窟の旅》(1979年)。

[27]参看《中国石窟·克孜尔石窟》Ⅰ—Ⅲ(1983年—1985年)。《中国石窟·敦煌莫高窟》Ⅰ(1981年)。拙著《凉州石窟遗迹和"凉州模式"》,刊《考古学报》1986年4期。松原三郎《中国佛教雕刻史の研究·绪言》(1960年)。

[28]参看[26]、[27]。

[29]云冈造像仿自拓跋民族形象之说,最早见于大村西崖《支那美术史·雕塑篇》。四十年代后期以来,云冈早期佛像融有拓跋形象因素的论点,逐渐为大多数研究者所赞同。

表四

	第7、8窟(双窟)	第9、10窟(双窟)	第1、2窟(双窟)
窟室形制	长方形平面,具前后室: 后室抹角叠砌平棊顶。前壁窟口上方凿明窗。 前室原依崖面架木构屋顶。前室前方7窟左侧和8窟右侧各雕塔柱。两窟前室前方正中镌丰碑,碑下具龟趺。两窟前室后部凿有甬道相通。	长方形平面,具前后室: 后室穹窿顶,后壁凿有礼拜道。前壁窟口上方凿明窗。 前室抹角叠砌平棊顶。前室前方列楹柱,柱下镌巨象承托。上方崖面雕有设斗拱的仿木构窟檐。两窟前室后部凿有甬道相通。	长方形平面,平顶,窟内中部雕塔柱。窟口上方凿明窗。两窟似共一前庭。
布局	主像位于后室后壁的上下两层龛中,其他三壁分层布龛。 前室,7窟左壁和8窟右壁分层分栏浮雕长卷式画面,中有重层楼阁,人物附有榜题。7窟右壁和8窟左壁雕千佛。两窟前室各壁下部皆雕供养人行列和跪式供养天行列,供养人行列上方雕出仿木构屋檐。 后室入口两侧,7窟各雕三头四臂护法像。8窟上部各雕多头臂护法像,下部各雕头着翼冠的护法像。	主像位于后室后部中央,礼拜道壁面雕供养人行列。 前室各壁皆分层布龛,其下浮雕附有榜题的分栏长卷式画面,再下为供养人行列。 9窟前室后壁正中后室入口两侧各雕护法像,10窟后室入口两侧各雕头着翼冠的护法像。	主像位于后壁龛中,其他三壁上布列龛,下浮雕分栏长卷式画面,再下为供养人行列。 方形塔柱,1窟为二层,2窟为三层,各层皆四面布龛。塔柱上方雕饰华盖与须弥山。
主要造像及其组合	7窟主像下龛为释迦多宝,上龛正中为弥勒菩萨,两侧为倚坐佛像。 8窟主像下龛为坐佛,上龛正中为倚坐佛像,两侧为弥勒菩萨。 两龛出现交脚坐佛龛和维摩文殊龛。	9窟主像为倚坐佛像。 10窟主像为弥勒菩萨。前室后壁正中雕须弥山。 两窟皆有交脚坐佛龛。	1窟主像为弥勒菩萨。塔柱下层龛多坐佛,上层龛多弥勒菩萨。 2窟主像为坐佛。塔柱下层南面为释迦多宝,其他三面皆为坐佛。中层南西两面为坐佛,东面为弥勒菩萨,北面为倚坐佛像。上层南北两面为弥勒菩萨,东西两面为坐佛。 两窟皆有维摩文殊龛。
造像形制	面相丰满,躯体健壮。佛像着右袒大衣。菩萨斜披络腋,有的有短璎珞。造型与第一期接近。	面相渐趋方圆。佛像着右袒或通肩衣。菩萨袒上身或斜披络腋。	面相接近9、10窟造型。 1窟主像弥勒帔帛交叉,佛像着通肩衣,有的着褒衣博带。 2窟主像坐佛着褒衣博带。塔柱佛像右袒,弥勒斜披络腋。
装饰	龛形有圆拱、盝顶帷帐两种,后者雕饰兽面。 龛柱柱头有卷云纹和元宝形两种。 供具只有摩尼宝珠。 装饰纹带有莲瓣、单列忍冬、方格莲花。	龛形除圆拱、盝顶帷帐外,出现雕斗拱的木构殿堂形式。 龛柱有卷云纹式柱头和束莲柱。 伎乐列龛和部分束莲柱下方雕饰勾片栏杆。 供具中出现博山炉。 装饰纹带除莲瓣、连珠、单列忍冬之外,出现复杂的忍冬纹㉚,如三角忍冬、环状忍冬、缠枝环状忍冬、环状套圭忍冬、龟甲忍冬。还出现了绚纹。	龛形略同9、10窟。 两窟塔柱皆雕饰出设有斗拱的仿木构形式。斗拱中部饰兽面,横拱雕作兽形。 窟口顶部雕交龙纹。 装饰纹带有莲瓣、单列忍冬、方格莲花。

184

第11、12、13窟(组窟)	第5、6窟(双窟)	第3窟(双窟?)
11窟方形平面,平顶。窟内中部雕塔柱。13窟椭圆形平面,穹窿顶。两窟窟口上方凿明窗。 12窟长方形平面,其前后室: 后室穹窿顶,前壁窟口上方凿明窗。 前室抹角叠砌平棊顶。前室前列楹柱,上方崖面雕有设斗拱的仿木构窟檐。 11、12、13三窟似共一前庭。	方形平面。5窟穹窿顶,后壁凿有礼拜道。6窟方格平棊顶,窟正中雕塔柱。两窟窟口上方凿明窗。5窟窟外左侧和6窟窟外右侧各凿塔柱,两窟窟外正中镌丰碑。	横长方形平面。窟分上下两层: 上层两侧各雕一塔柱,两塔柱内侧各凿一明窗,上层中间凿一横长方形、方格平棊顶窟室。其上方依崖面原建有木构屋顶。 下层左右各开一窟口,窟口两侧各凿一明窗。左右窟口内各一前室,两前室之后共一后室。后室后壁中部雕出较大面积的向前凸出的壁面。两前室和后室俱未完工。
11窟壁面皆分层布龛。塔柱方形两层,下层四面像似为本窟主像。 12窟主像位于后室后壁上下两层龛中,壁面皆分层布龛。 13窟主像位于窟内正中偏后,其他壁面皆分层布龛。	5窟主像位于窟内中部偏后,礼拜道壁面雕供养人行列。其他三壁分层布龛,但未完工。 6窟主像位于后壁上下层龛内,其他三壁分层布龛,下层龛下浮雕分栏长卷式画面,再下为供养人行列。塔柱方形两层,四面布龛,龛内外雕出画面,塔柱上方雕须弥山。 5窟入口两侧各雕头着翼冠的护法像,6窟窟口外两侧各雕天王形象的护法像。	主像原应雕在后室中部凸出的壁面上,但未及施工而中辍,现存西侧大龛像系唐初开凿㉛。 上层窟室主像位于后壁龛内,其他三壁皆雕千佛。两塔柱皆方形三层,四面布龛。 下层各壁无雕饰。
11窟塔柱下层皆为立佛,上层南面为弥勒菩萨,其他三面为倚坐佛像。 12窟主像下龛为释迦多宝,上龛为弥勒菩萨。前室有交脚坐佛龛。 13窟主像为弥勒菩萨。	5窟主像为坐佛,其两侧各一立佛,尚为第一期三佛组合的延续。 6窟主像下龛为坐佛,两侧各一立佛,上龛为三立佛。塔柱下层南面为坐佛,东面为弥勒菩萨,北面为释迦多宝,西面为倚坐佛像。上层四面皆立佛。前壁有维摩文殊龛。	上层窟室主像为弥勒菩萨。两塔柱下层主龛为释迦多宝。
主要佛像接近9、10窟造型。	面相颏部椭圆。 6窟佛像皆褒衣博带,菩萨帔帛交叉。 5窟窟口和明窗两侧有右袒坐佛。	上层窟室中和两塔柱上的形象已趋清秀。佛像皆着褒衣博带。
龛形略同9、10窟,龛楣尾部有的雕饰朱雀。 龛柱柱头多作包巾式。 12窟殿堂龛上雕饰的横拱作兽形。 11窟顶和12窟后室窟口顶部雕交龙纹。 13窟伎乐列龛下方雕饰勾片栏杆。 12、13窟供具多博山炉。 装饰纹带有莲瓣、连珠、单列忍冬、缠枝环状忍冬、龟甲忍冬。	龛形略同9、10窟,龛楣尾部雕出龙形。 龛柱柱头装饰有包巾式。 6窟塔柱屋檐雕饰椽、瓦和莲花瓦当。 供具多博山炉。 装饰纹带有莲瓣、连珠、单列忍冬、环状忍冬、缠枝环状忍冬、环状套圭忍冬。	上层窟室龛形有圆拱、盝顶帷帐两种。 上层两塔柱皆雕饰出设有斗拱的仿木构形式。

图 3　云冈石窟第 2 期中小型窟室

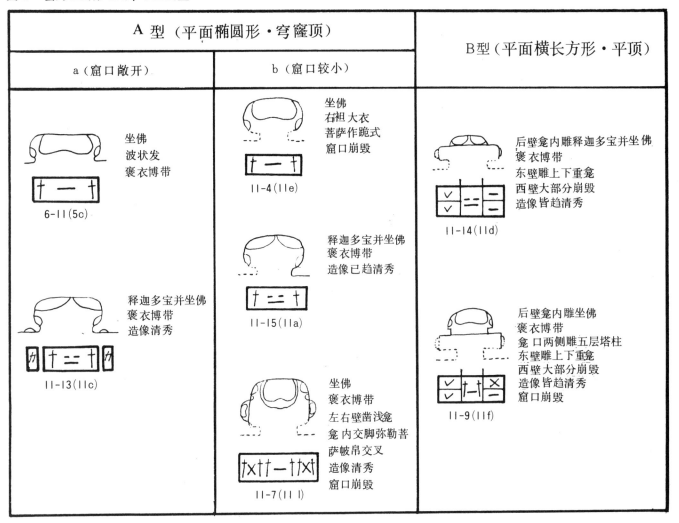

A 型（平面椭圆形·穹窿顶）		B型（平面横长方形·平顶）
a（窟口敞开）	b（窟口较小）	

A型 a（窟口敞开）:

坐佛
波状发
褒衣博带
6-11(5c)

释迦多宝并坐佛
褒衣博带
造像清秀
11-13(11c)

A型 b（窟口较小）:

坐佛
右袒 大衣
菩萨作跪式
窟口崩毁
11-4(11e)

释迦多宝并坐佛
褒衣博带
造像已趋清秀
11-15(11a)

坐佛
褒衣博带
左右壁凿浅龛
龛内交脚弥勒菩
萨帔帛交叉
造像清秀
窟口崩毁
11-7(11 l)

B型（平面横长方形·平顶）:

后壁龛内雕释迦多宝并坐佛
褒衣博带
东壁雕上下重龛
西壁大部分崩毁
造像皆趋清秀
11-14(11d)

后壁龛内雕坐佛
褒衣博带
龛口两侧雕五层塔柱
东壁雕上下重龛
西壁大部分崩毁
造像皆趋清秀
窟口崩毁
11-9(11f)

　— 坐佛　　†† 胁侍菩萨　　== 释迦多宝并坐佛　　力 力士　　× 交脚弥勒菩萨　　∨ 造像崩毁

㉚关于忍冬纹的分类，可参看拙著《大金西京武州山重修大石窟寺碑的发现与研究》附表，刊《北京大学学报》哲学社会科学版，1982年2期。

㉛参看《大金西京武州山重修大石窟寺碑校注》[二八]，参看⑫。

㉜释迦多宝和维摩俱见于炳灵寺第169窟北壁壁画，参看《中国石窟·炳灵寺石窟》图版37(1986年)。

㉝用《金碑》文句，参看⑫。

此外，第13窟西侧的第13:4窟(即水野清一、长广敏雄《云冈石窟》编号13A。以下括号内的编号，俱与此同)的开凿，大约也始于第二期。该窟方格平棊顶，横长方形平面，窟高远比上述诸窟为低。后壁前原似凿一身躯横长的涅槃像，但未完工，后虽经凿毁，现尚存石胎残体。东、西壁下端原各开一龛，龛内未雕像。前壁雕出未经加工的两楹柱。东壁前端所开龛和东、西、前三壁上错落布置的小龛甚多，皆三期所补雕。显然，此窟开凿时只镌就大体窟形和主像粗胎即停工。

云冈第二期还开凿了少量的中小型窟室和在第一期窟室中补雕了龛像。开凿的中小型窟室分布在第11窟外崖面上，如第11:4(11e)、11:7(11l)、11:9(11f)、11:13(11c)、11:14(11d)、11:15(11a)窟和第6窟窟顶上的第6:11(5c)。这种中小型窟室有两类，实际是第一期椭圆形窟室和本期方形窟室的缩小型(图3)。

综上图表，云冈第二期窟室出现的平棊顶、方形平面，重层布局的壁面和分栏长卷式浮雕画面以及窟口崖面上的雕饰斗拱的窟檐外貌，都是汉式殿堂的形式和布局；重层楼阁式的高塔和耸立中庭下具龟趺的丰碑，也是汉式的传统建置；本期盛行的一部分重要佛像，如释迦多宝对坐、维摩文殊论辩以及下龛释迦多宝、上龛弥勒和下龛坐佛、上龛弥勒的形象组合等，或是汉地早期窟龛所习见㉜，或是云冈本期所创新。此外，渐趋清秀的造型，褒衣博带的服装，更表现了佛像本身的开始汉化。殿堂龛面，帷帐流苏，"神龙飞动(交龙纹)"，"色楣连延(勾片栏杆)"㉝，画面附榜题，龛尾饰龙、雀,博山供具,兽面装饰等汉风事物充盈窟室。至于第二期新出现的西方因素,除礼拜道外,多属守护形象和一些龛柱装饰、边饰花纹[34],与第一期窟室满布域外格调已大不相同。看来,渊源于西方的佛教石窟的东方化,云冈第二期是一个关键时期。本期窟室另一重要特点——双窟成组问题,我们将在下面讨论。

云冈第二期的年代,我们曾根据《金碑》记载推测:第7、8双窟为孝文帝初期开凿;第9、10双窟是文明太后宠阉钳耳庆时于"太和八年(公元484年)建,十三年(公元489年)毕"工的;第5、6双窟的第6窟完工于太和十八年(公元494年)迁洛之前,第5窟和云冈最大的第3窟都因迁洛而中辍[35]。从近年了解到的有明确纪年的北魏遗物观察[36],上述推测尚无差误。本期开凿的中小窟室,由于绝大多数的形象、服制和第5、6窟相同,形象造型又与第3窟上层窟室相近,可知它们的开凿时代已晚;其中开凿略早的第11:14(11d)窟有太和十三年(公元489年)铭记,就更加明确了这些中小窟室的年代应属本期的晚期阶段。因此,可以估计云冈第二期窟室开凿时间,应在公元471年至公元494年之间或稍后。

云冈第二期窟室面貌的改观,我们认为是与以下事实密切关联的。

第一、这时期北魏统治者积极推行汉化政策,开始实施一系列改革,《魏书》所记主要事迹有以下诸项,见表五。

表五所列可以证明北魏汉化政策,从太和之初(公元477年)即已积极进行,其时,孝文帝刚逾十岁[37]。承明元年(公元476年)六月,太上皇献文帝卒,即"尊皇太后为太皇太后,临朝称制"(《魏书·高祖纪》上),此太皇太后即文成帝皇后冯氏,《北史·后妃传》上记其专政事迹云:"自太后临朝专政,孝文雅性孝谨,不欲参决,事无巨细,一禀于太后。太后多智,猜忍,能行大事,杀戮赏罚决之俄顷,多有不关帝者。是以威福兼作,震动内外"。此种情况大约直迄于太和十四年(公元490年)九月冯氏卒。冯氏卒后,孝文帝更积极于既定政策的推行,故太和十五年以后,北魏的革新,又进一步深化。

第二、这时期,北魏统治者对佛教的崇信,已与前期偏重于"教导民俗"者有别。当时北魏主要决策人如上所述是文明太后冯氏。冯氏本籍长乐信都。信都曾为冀州治所,其俗尚儒学[38],多出才艺。太后祖父辈北迁昌黎,后入龙城,伯祖跋自立为燕王。跋卒,弟弘袭位。弘子朗于燕亡之前入魏,后任秦雍二州刺史,生太后与后兄熙于长安[39]。龙城、长安皆佛教隆盛之地,自十六国后期两地多义学善讲高僧[40]。太后一家世代奉佛,冯氏本人既"立文宣王(弘)庙于长安",又立思燕佛图于龙城,皆刊石立碑"(《北史·后妃传》上),"太和三年(公元479年),道人法秀谋反,事觉,……咸阳王复欲尽杀道人,太后冯氏不许"(《南齐书·魏虏传》)。又孝文初立,昙曜集西方沙门汉译新经,"《杂宝藏经》十三卷阙、《付法藏因缘经》六卷阙、《方便心论》二卷阙。右三部,凡二十一卷。宋明帝时,西域三藏吉迦夜于北国(魏)以伪延兴二年(公元472年)共僧正昙曜译出,刘孝标笔受"《出三藏记集》卷二)。"昙曜又与天竺沙门常那耶舍等,译出新经十四部"(《魏书·释老志》)[41],此译经事业当出自冯氏和献文之赞同。冯氏兄熙亦"信佛法,自出家财,在诸州镇建佛图精舍,合七十二处;写十六部一切经,延致名德沙门日与讲论,精勤不倦"(《北史·外戚·冯熙传》)。熙二女皆为孝文后;幽皇后幼时病,"(文明)太后乃遣还家为尼"(《北史·后妃传》上);废皇后"贞谨有德操,遂为练行尼,后终于瑶光佛寺"(《北史·后妃传》上)。以上事迹可以反映冯家崇佛与其前的北魏皇室不同,其来源

34 参看⑮引梁思成等人论文。

35 参看⑯。

36 参看㉚引文所举近年大同附近的考古发现诸例。

37 《魏书·高祖纪》上:"高祖孝文皇帝……皇兴元年(公元467年)八月戊申,生于平城紫宫"。太和元年(公元477年)九月"乙酉,诏群臣定律令",开始积极进行改革。

38 参看《隋书·地理志》中冀州条。

39 参看《《魏书·太祖纪》上、《魏书·海夷冯跋传》、《北史·后妃传》上。

40 参看汤用彤《汉魏两晋南北朝佛教史》第10章《鸠摩罗什及其门下》和第14章《佛教之北统》。

41 《续高僧传·昙曜传》记昙曜译经事云:"曜慨前陵废,欣今重复,故于北台石窟集诸德僧,对天竺沙门,译《付法藏传》并《净土经》"。北台石窟即今云冈石窟。其时,在北台出经者尚有沙门昙静(靖),《历代三宝纪》卷九:"《提谓波利经》二卷,……宋孝武世,元魏沙门昙静于北台撰"。云冈第9、10等窟有佛为二商主说法龛,或与昙静撰此经有关。

表五

纪　年	改　革　事　迹	出　处
太和元年(477年)	九月"乙酉,诏群臣定律令于太华殿。"	《高祖纪》上
太和七年(483年)	十二月"癸丑,诏曰……同姓之娶,自今悉禁绝之,有犯以不道论。"	《高祖纪》上
太和八年(484年)	六月丁卯,下"宪章旧典,始班俸禄"之诏。九月"内外百宦受禄有差。"	《高祖纪》上
太和九年(485年)	八月"庚申,诏曰……买定、冀、幽、相四州饥民良口者,尽还所亲。" "下诏均给天下民田。" 十月丁未,"诏曰:……今遣使者,循行州郡,与牧守均给天下之田,还受以生死为断。劝课农桑,兴富民之本。"	《高祖纪》上 《食货志》 《高祖纪》上
太和十年(486年)	正月"癸亥朔,帝始服衮冕。……四月辛酉朔,始制五等公服。……八月己亥,给尚书五等品爵已上朱衣、玉佩、大小组绶。" 二月"甲戌,初定党、里、邻三长,定民户籍。" 九月"辛卯,诏起明堂、辟雍。"	《高祖纪》下
太和十一年(487年)	"春,文明太后令曰:先王作乐,所以和风改俗,非雅曲正声不宜庭奏。可集新旧乐章,参探音律,除去新声不典之曲,裨增钟悬铿锵之韵。" 十月"甲戌,诏曰:乡饮礼废,则长幼之叙乱。孟冬十月,民闲岁隙,宜于此时导以德义。可下诸州,党里之内,推贤而长者,教其里人,父慈、子孝、兄友、弟顺、夫和、妻柔。不率长教者,具以名闻。"	《乐志》 《高祖纪》下
太和十二年(488年)	九月"闰月甲子,帝观筑圜丘于南郊。"	《高祖纪》下
太和十三年(489年)	七月,"立孔子庙于京师。"	《高祖纪》下
太和十四年(490年)	二月"戊寅,初诏定起居注制。"	《高祖纪》下
太和十五年(491年)	四月"己卯,经始明堂,改营太庙。" 五月"己亥,议改律令。"八月"丁巳,议律令事。" 八月"乙巳,亲定禘祫之礼。" 十一月"乙亥,大定官品。"	《高祖纪》下
太和十六年(492年)	四月"丁亥朔,班新律令。"	《高祖纪》下
太和十七年(493年)	六月"乙巳,诏……作职员令二十一卷,……权可付外施行。"	《高祖纪》下

或与龙城、长安二地佛教有关。

　　冯氏重释教,更重要的是孝文帝深受影响,"太和元年(公元477年)三月,(帝)又幸永宁寺设会,行道听讲,命中、秘二省与僧徒讨论佛义"(《魏书·释老志》),时孝文不满十岁[42],可以估计他的活动至少得到了冯氏的赞许。由于冯氏、孝文重视义行,北魏佛教讲论《成实》、《涅槃》和《法华》、《维摩》之风,逐渐盛行。《高僧传》卷八《魏释僧渊传》记孝文帝礼重僧渊等慧解高僧事云:

"释僧渊，……专攻佛义，初游徐州，止白塔寺，从僧嵩受成实、毗昙二论，……慧解之声，驰于遐迩。渊风姿宏伟，……神气清远，含吐洒落。……昙度、慧记(纪)、道登并从渊受业。慧记(纪)兼通数论，道登善涅槃、法华，并为魏主元宏(孝文)所重，驰名伪国(北魏)。渊以伪太和五年(公元481年)卒。"

僧渊弟子昙度"神清敏悟，鉴彻过人，……备贯众典，涅槃、法华、维摩大品并探索微隐，思发言外，……造徐州，从僧渊法师更受成实论，遂精通此部，独步当时。魏主元宏闻风餐挹，遣使征请。既达平城，大开讲席，宏致敬下筵，亲管理味。于是停止伪都(平城)。法化相续，学徒自远而至千有余人"(《高僧传》卷八《魏释昙度传》)。僧渊另一弟子慧纪亦在平城"唱谛鹿苑，作匠京缁"(《广弘明集》卷二四《(孝文)为慧纪法师亡施帛设斋诏》)，鹿苑即平城北苑之鹿野苑。其后在平城讲经的高僧，还有"徐州道人统僧逞，风识渊道，器尚伦雅，道业明博，理味渊澄，……比唱法北京，德芬道俗，应供皇筵，美敷宸宇，仁睿之良，朕所嘉重"(《广弘明集》卷二四《(孝文)赠徐州僧统并设斋诏》)。僧渊另一"善涅槃、法华"的弟子道登，孝文更召侍左右，"太和十六年(公元492年)十一月乙亥，高祖与沙门道登幸侍中省"(《魏书·灵征志》上)，"(齐建武)二年(太和十九年，公元495年)，虏主元宏寇寿春，……遣道登道人进城内，施众僧绢五百匹，(崔)庆远、(朱)选之各袴络带"(《南齐书·宗室·遥昌传》)。故迁洛前后，孝文本人已"尤精释义"(《魏书·高祖纪》下)，孝文自己也称"朕每玩成实论，可以释人染情"(《魏书·释老志》)，南齐人亦谓："宏尤精信，粗涉义理"(《南齐书·魏虏传》)，因可"与名德沙门谈论往复"(《魏书·韦阆传附族子缵传》)，并下《听诸法师一月三入殿诏》(《广弘明集》卷二四)。是孝文崇法已深涉义理，而平城佛教此时又倍受徐州影响，徐州为东方义学之渊薮[43]。平城佛事在此阶段，当又进入另一新时期。

　　第三、这时期平城及其附近广建佛寺，工程日趋精丽。"承明元年(公元476年)八月，……诏起建明寺"(《魏书·释老志》)，太和三年(公元479年)七月[44]，"又于方山太祖营垒之处，建思远寺。自兴光至此，京城内寺新旧且百所，僧尼二千余人。……四年(公元480年)春，诏以鹰师(曹)为报德寺"(《魏书·释老志》)，又于"宫殿内立浮图"(《南齐书·魏虏传》)《水经注·漯水》还记有皇舅寺和祇洹舍：皇舅寺"是太师昌黎王冯晋国(熙)所造，有五层浮图，其神图像皆合青石为之，加以金银火齐，众绿之上炜炜有精光"；"东郭外，太和中阉人宕昌公钳耳庆时立祇洹舍于东皋，椽瓦梁栋，台壁棂陛，尊容圣像及床坐轩帐，悉青石也。……京邑帝里，佛法丰盛，神图妙塔，桀峙相望，法轮东转，兹为上矣。"近年大同市东郊和北郊方山都发现了佛寺遗址，出土了大批相当于太和时期的彩塑，有佛、菩萨、飞天等残体，皆设彩涂金，塑造精致。作为卫护平城的六镇之一的怀朔镇城内西北隅的佛寺遗址，也出有同样的塑像残体，还同出雕刻工细的石柱础[45]。除上述佛寺遗迹外，大同市东南郊发现于司马金龙夫妇墓中的石雕、漆画[46]和大同市南门外发现的北魏窖藏中所出的鎏金铜饰件[47]，其时代也都属太和初、中期。这些遗物皆以巧丽见称。看来，精细巧丽应是迁洛以前太和时期平城工艺流行的时代特点。

　　第四、这时期，青齐内属，南北出现了一个暂时的交聘安定局面。青徐多术艺，其地皇兴三年(公元469年)入魏，不仅高僧北上，文艺亦徙平城。太和七年(公元483年)十月所建[48]"皇信堂，堂之四周，图古圣忠臣、烈士之容，刊题其侧，是辩章郎彭城张僧达、乐安蒋少游笔"(《水经注·漯水》)，

㊷参看㊲。

㊸参看汤用彤《汉魏两晋南北朝佛教史》第21章《北朝之佛学》。

㊹据《魏书·高祖纪》上。

㊺参看内蒙古文物工作队等《内蒙古白灵淖城圐圙北魏古城遗址调查与试掘》，刊《考古》1984年2期。

㊻参看山西省大同市博物馆等《山西大同石家寨北魏司马金龙墓》，刊《文物》1972年3期。

㊼参看大同市博物馆《山西大同南郊出土北魏鎏金铜器》，刊《文物》1983年11期。

㊽《魏书·高祖纪》上："(太和七年)冬十月戊午，皇信堂成。"

张、蒋皆青徐营户。《北史·艺术传》下记蒋少游云:

> "平城将营太庙、太极殿,遣少游乘传诣洛,量准魏晋基趾。后为散骑侍郎,副李彪使江南。孝文修船乘,以其多有思力,除都水使者。迁兼将作大匠,仍领都水池湖泛戏舟楫之具。及华林殿沼修旧增新,改作金墉门楼,皆所措意,号为妍美。"

又"孝文时,青州刺史侯文和亦以巧闻,为耍舟,水中立射"(《北史·艺术传》下)。其时,以巧思见称者,尚有陇西李冲、冯翊王遇。太和十六年(公元492年),"诏曰:明堂、太庙已成于昔年,将以今春营改正殿,尚书(李)冲可领将作大匠。……冲机敏有巧思,北京明堂、圜丘、太庙及洛都初基,安处郊兆,新起堂寝,皆资于冲。旦理文簿,兼营匠制,几案盈积,剖劂在手,终不劳厌也"(《魏书·李冲传》)。王遇即上述之钳耳庆时,"遇性巧,强于部分[49],北都方山灵泉道俗居宇及文明太后陵庙,……皆遇监作"(《魏书·阉官·王遇传》)。以上皆冯氏、孝文所宠,可证当时营建追求巧思。所谓巧思,很重要的内容是工艺方面加强汉化,亦即远准魏晋旧章,近效宋齐新制。青齐入魏,既获得了南朝术艺,又便利了南北交往。自太和五年(公元481年)二月,冯熙击破南齐豫州刺史桓崇祖以来,直迄十八年(公元494年)迁洛,其间除十二年(公元488年)前后小有磨擦外,基本上疆场无事,魏齐使节互聘不绝[50]。这时南北交流,特别是给北魏汉化的不断深入,提供了重要条件。《南齐书·魏虏传》中记蒋少游副李彪使江南故事,颇具启发性,其文云:

> "(永明)九年(太和十五年,公元491年),(魏)遣使李道固、蒋少游报使。少游有机巧,密令观京师(建康)宫殿楷式。清河崔元祖启世祖曰:少游,臣之外甥,特有公输之思。宋世陷虏,处以大匠之官。今为副使,必欲模范宫阙。岂可令毡乡之鄙取象天宫? 臣谓且留少游,令使主反命。世祖以非和通意,不许。少游,乐安人,虏宫室制度皆从其出"。

可见魏据青齐和南北通聘,对冯氏、孝文时期之改革,具有重要作用。

第五、这时期,北魏与西域关系远不如过去密切。献文时,于阗王即上书云:"西方诸国今皆已属蠕蠕"(《北史·西域传》),故孝文延兴四年(公元474年),"尚书奏以敦煌一镇,介远西北,寇贼路冲,虑或不固,欲移就凉州。群官会议,佥以为然"(《魏书·韩秀传》)。五世纪末,西域又为嚈哒所据。所以,孝文帝时,除龟兹、悉万斤、粟特有来使记录外[51],其他西域诸国即罕见于文献[52]。包括悉万斤在内的粟特地区来使次数较多,当与其人善于经商兴贩有关。《续高僧传》卷十六《佛陀禅师传》所记:"恒安城内康家,资财百万,崇重佛法,为佛陀造别院"的康家,大约就出现在迁洛以前不久的平城。大同市南郊发现的西亚鎏金器皿[53]和在河北定县太和五年(公元481年)冯氏、孝文诏以官财兴造五级佛图的基址所出石函中发现的波斯萨珊朝伊斯提泽德二世(Yazdegerd II,公元438年—457年在位),卑路斯(Peroz,公元459年—484年在位)银币[54],可能都是粟特商人所携来。

云冈第二期石窟出现的变化,我们认为大体上都可从上述事实中得到解释。窟室样式改观的许多情况,也反映到平城及其附近的地上寺院,这主要都应与北魏积极推行汉化政策联系起来。内部布局日益紧密,工艺风格日趋精细,造像题材上流行了出自《法华》、《维摩》等佛经中的各种形象以及佛像造型逐渐清秀和褒衣博带的服饰等,也都是当时南朝的时代特征[55]。魏据青齐与南北交聘局面的形成,更促进了包括佛教建置进一步汉化在内的北魏汉化政策的迅速发展。既强调了汉化,当然其他因素

[49]部分,当时常用语。《北齐书·文宣纪》:"帝神色不变,指麾部分自(若)"。(参看中华书局标点本校勘记[一]),《北齐书·莫多娄贷文传》:"子敬显强直勤斡……部分将士,造次之间,行伍整肃。"《北史·宋宗室诸王·任城王湝传》:"湝部分仓卒之际,咸得齐整"。可见部分有安排、布置、管理、指挥之意。

[50]参看《魏书·高祖纪》、《南齐书·魏虏传》和《资治通鉴》齐永明五年、六年。

[51]据《册府元龟》卷969《外臣部·朝贡》三统计,孝文时期龟兹来使共五次:延兴五年(公元475年)闰二月,太和元年(公元477年)九月,二年七月、九月,三年九月。悉万斤来使共八次:延兴三年(公元473年)九月、十月,承明元年(公元476年)九月,太和三年(公元479年)十二月,四年七月、十一年八月,十四年三月,十五年三月。粟特来使共二次:延兴四年(公元474年)正月,太和三年(公元479年)十二月。

即将相对缩减，而当时北魏与西域关系疏远，致使西方因素削弱的情况更为突出。

至于本期云冈流行开凿双窟的作法，应是当时北魏既有皇帝在位，又有太后临朝的反映。因为此时云冈窟室主要还是皇室工程。自太和之初，冯氏长期擅政之后，北魏亲贵多并称冯氏与孝文为二圣。定县所出太和五年(公元481年)石函铭云:

“舆驾东巡狩，次于中山，……帝、后爰发德音，……造此五级佛图，……二圣乃亲发至愿。……”

二圣一辞，又屡见于《魏书》:

“淮南王他奏求依旧断禄。文明太后令召群臣议之。(高)闾表曰……大魏应期绍祚，照临万方，九服既和，八表咸谧。二圣钦明文思，道冠百代，动遵礼式，稽考旧章，……置立邻党，班宣俸禄，事设令行，于今已久，……利润之厚，同于天地。以斯观之，如何可改……诏从闾议”(《高闾传》)。

(杨椿)诫子孙曰……吾兄弟自相诫曰:今忝二圣近臣，母子间甚难，宜深慎之……高祖谓诸王、诸贵曰:北京之日，太后严明，……和朕母子者，唯杨椿兄弟”(《杨播传附弟椿传》)。

“(程骏)表曰……臣不胜喜踊，谨竭老钝之思，上《庆国颂》十六章，并序巡狩、甘雨之德焉。其颂曰……于穆二圣，仁等春生。太和九年(公元485年)正月，(骏)病笃……及卒，高祖、文明太后伤惜之”(《程骏传》)。

“(李彪)表曰……自太和建号，逾于一纪……今二圣躬行俭素，诏令殷勤……”(《李彪传》)。

亦有称之为二皇者，见《辩正论》卷四:

“广阳王嘉……读一切经，凡得三遍，造爱敬寺以答二皇”。

又太和十二年(公元488年)《大代宕昌公晖福寺碑》记宕昌公王庆时造二区三级佛图事:

“我皇文明自天，超界高悟，……太皇太后圣虑渊详，道心幽悟，……于本乡南北旧宅，上为二圣造三级佛图各一区”。

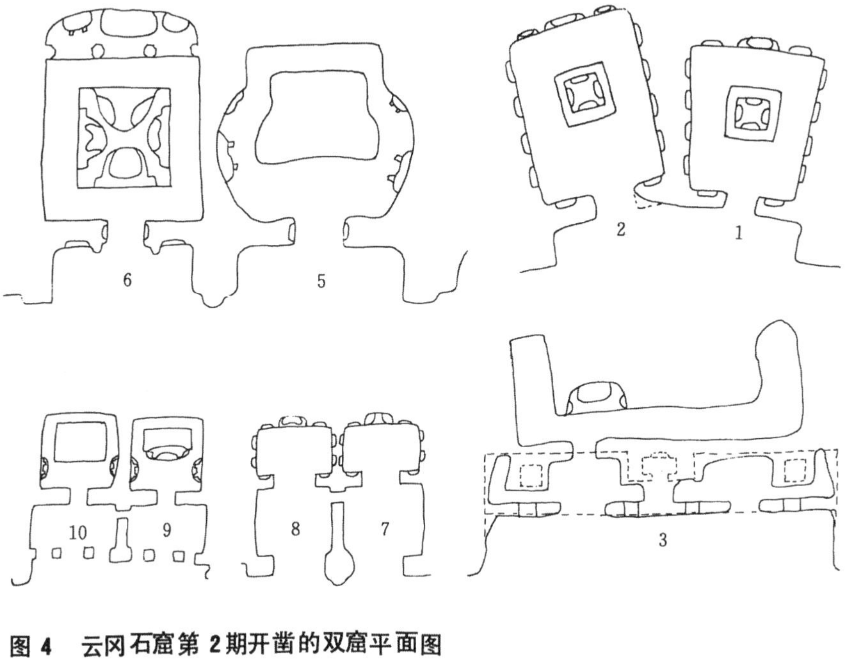

图 4　云冈石窟第 2 期开凿的双窟平面图

(52)西域诸国以外，《魏书·高祖纪》上记太和元年(公元477年)九月曾有“西天竺、舍卫……诸国各遣使朝贡”。印度地区与北魏的往还，在孝文时期只此一事见于文献，影响可能不大。

(53)参看出土文物展览工作组《文化大革命期间出土文物》第1辑图版149—152及说明。

(54)参看河北省文化局文物工作队《河北定县出土北魏石函》，刊《考古》1966年5期。

(55)关于南朝佛教建筑的情况，可参看《艺文类聚》卷76、77《内典部》所引有关寺院诸诗文。形象服制的影响，可参看拙著《洛阳地区北朝石窟的初步考察》中《洛阳地区北朝石窟特征及窟龛造像演变来源的初步探讨》一节，刊《中国石窟·龙门石窟》Ⅰ。

图5　云冈石窟第3期窟室

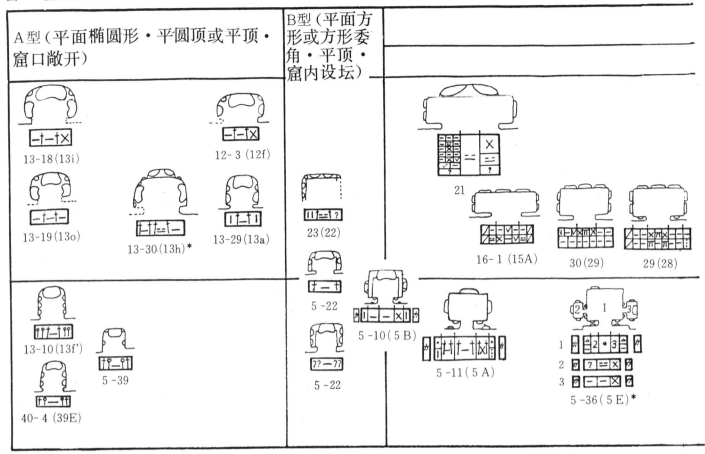

A型（平面椭圆形·平圆顶或平顶·窟口敞开）		B型（平面方形或方形委角·平顶·窟内设坛）	

一 坐佛　✕ 交脚弥勒菩萨　†† 胁侍菩萨　♀ 弟子　∣ 立佛　⫶ 输土因缘　⁝ 儒童本生

↑↑ 思惟菩萨　∷ 千佛　? 形像不明　◨ 造像崩毁　∨ 造像盗凿　✱ 未完工　--- 复原线

图6　第5：39窟

此王庆时即前引《魏书·阉官传》所列之王遇,亦即《水经注》和《金碑》所录的钳耳庆时。《金碑》所记钳耳庆时"为国祈福之所建"的窟室,我们准晖福寺"为二圣造三级佛图各一区"之例,推测亦是双窟,即今云冈第9、10窟。由此可知,开凿双窟成组的窟室,是当时特定的政治形势的产物(图4)。

迁洛以前的孝文时期,是北魏最稳定、最兴盛的时期,也是积极于改革创新的时期,这个时期即云冈第二期。此期云冈开窟总的工程规模超过了第一期,它所呈现的如上所述的时代特点大异于第一期。这些时代特点综合起来即构成了云冈第二期模式。

五

云冈第三期多中小型窟室,主要集中在第20窟以西的云冈石窟西部地区。位于中部的第14、15窟和位于东部的第4窟也属于这一期。此外,第11至13:4(13A)窟窟外崖面及其迤西一带,第5、6窟上方与迤东一带和第1至4窟附近,也都分布有第三期开凿的中小窟室。第三期中小窟室的总数在一百五十座以上。许多第一期、第二期开凿的窟室内、窟口两侧也多有第三期补凿的小龛,其数量不下二百个。昙曜五窟外壁崖面的千佛,也是此期雕造。云冈第三期工程并未衰落,和第一、二期相比,只是没有大型窟室而已。值得注意的是此期窟室式样急剧变化,成为云冈窟室式样最繁杂

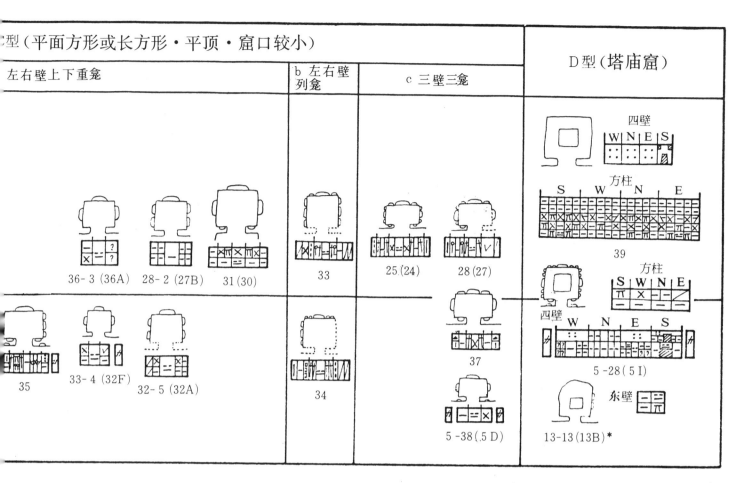

C型（平面方形或长方形·平顶·窟口较小）			D型（塔庙窟）
左右壁上下重龛	b 左右壁列龛	c 三壁三龛	

左右壁上下重龛: 36-3 (36A)　28-2 (27B)　31(30)

b 左右壁列龛: 33

c 三壁三龛: 25(24)　28(27)

D型（塔庙窟）: 四壁 W N E S　方柱 S W N E　39

左右壁上下重龛: 35　33-4 (32F)　32-5 (32A)

b 左右壁列龛: 34

c 三壁三龛: 37　5-38(5D)

D型: 方柱 S W N E　四壁 W N E S　5-28(5I)　东壁　13-13(13B)*

图例：
: 实子因缘　= 释迦多宝并坐佛　·乘象·乘马形像　力 力士　△ 维摩·文殊　T 倚坐佛

的阶段。其繁杂情况举例如图5。

　　如上图所示，第三期盛行的中小型窟室，虽上承第二期中小窟室和塔庙窟的形制，但演变显著。A、B、C型窟演变的共同规律是向平顶方形平面或接近方形平面发展。变化较大的是壁面布局和造像组合等方面。

　　A、B型窟室壁面空处较少，变化不大；但渊源于第二期的第7、8、9、10等窟的C型a、b两式的壁面布局却发展出多种整齐的式样；C型c式即三壁三龛窟[56]，是新出现的式样，而且数量迅速增多，其数字接近七十座，约占第三期中小窟室总数的二分之一弱。

　　在主像和造像组合方面，各型都日益繁缛。主像除坐佛外，释迦多宝对坐佛像普遍增多。组像流行：中间坐佛，两侧各立一佛；中间释迦多宝，两侧各一坐佛；中间坐佛，左侧弥勒菩萨，右侧坐佛。较多的窟口内两侧各雕立佛一身（包括儒童本生如第35窟、阿输迦输土因缘如第29窟(28)）；窟口外两侧流行雕凿力士各一身。此期较晚阶段主像两侧出现了弟子、菩萨并列像，如第5:39窟(图6)。

　　个体造像的造型更加清秀。佛像一律褒衣博带，菩萨帔帛交叉，下垂的衣襟愈来愈复杂。菩萨帔帛交叉处，较晚阶段流行了穿壁的作法。

　　装饰方面，虽然没有上期繁缛，但也出现了不少新式样：方格平棊纹饰多种多样；龛面雕饰富于变化；龛面上方两隅多雕佛传画面；窟口上方崖面流行雕饰忍冬龛面。较晚阶段圆拱龛龛楣流行雕饰折叠格，格中雕坐佛；窟口外崖面出现宝帐雕饰；有些窟口上方崖面还浮雕出较大面积的画

[56]三壁三龛窟系就该式窟于后、左、右三壁各开一大龛这一特点而名之。过去或名此式窟为四壁三龛窟，但云冈此式窟有的于窟口内两侧即该窟前壁左、右侧壁亦各开一龛，因此，如云四壁，则其龛数已不仅三座。

图7 景明四年昙媚造像铭拓片

图8 第35窟明窗东壁延昌四年铭佛龛

图9 第35窟东壁佛龛

面;有的窟口左侧雕出碑形等等。

云冈第三期窟龛开凿的时间,第11窟明窗东侧壁本期补雕小龛有太和十九年(公元495年)四月铭记,可知约始于太和十八年迁洛前后。从清理第20窟前过去崩塌的窟石堆积中发现的文字工丽的景明四年(公元503年)昙媚造像石刻(图7)[57]和第35窟窟口东侧较精致的延昌四年(公元515年)龛(图8),特别是和此延昌四年龛时间相近而工程较大的第35窟(图9),以及上述较晚盛行的一些组像和装饰即多出现于此时的迹象观察,可以推测宣武一代云冈雕凿尚未衰落。所以此期的下限,前引《金碑》所记"终乎正光"是可以相信的。

这一时期云冈出现的并未衰落的情况,促使我们认真考虑了以下三个问题。

第一、迁洛以后的平城并未荒废。北魏都平城时,置司州,设代尹。迁洛后,改司州为恒州,改代尹为代郡太守。又立平城镇,置镇将。州、郡、镇俱治平城。平城地位显然与一般州镇不同。迁洛之初,孝文为了抚慰"内怀不可"(《魏书·陆俟传附孙睿传》)、"多有未悟"(《魏书·献文六王·广陵王羽传》)、"深忌河洛暑热,意每追北方"(《北史·孝文六王·废太子恂传》),对"旧都意重"(《魏书·景穆十二王·乐陵王胡儿传附子思誉传》)的上层亲贵,"特听冬朝京师,夏归部落"(《魏书·尔朱荣传》)。到宣武时,似又有发展,《魏书·昭成子孙传·常山王遵传附三世孙晖传》记其事云:

"初,高祖迁洛,而在位旧贵皆难于移徙,时欲和合众情,遂许冬则居南,夏便居北。世宗颇惑左右之言,外人遂有还北之问,至乃鬻卖田宅,不安其居。晖乃请间言事。世宗曰:先皇迁都之日,本期冬南夏北,朕欲聿遵成诏,故有外人之论。晖曰:先皇移都,为百姓恋土,故发冬夏二居之诏。权宁物意耳。乃是当时之言,实非先皇深意。且北来迁人,安居岁久,公私计立,无复还情。陛下终高祖定鼎之业,勿信邪臣不然之说。世宗从之。"

另一方面,宣武又一再遣重臣抚劳平城,如"景明初,(杨播)兼侍中,使恒州,赡恤寒乏"(《魏书·杨播传》),景明四年(公元503年)十一月"癸亥,诏尚书左仆射源怀抚劳代郡、北镇,随方拯恤"(《魏书·世宗纪》)。由此可知,朝中旧贵,直迄宣武时期还往来于洛阳、平城间[58],平城还保持了一定的繁盛;而其时迁来洛阳的民户困难亦多,《魏书·世宗纪》录永平二年(公元509年)四月甲子诏曰:"先朝……河洛民庶,徙旧未安,代来新宅,尚不能就。伊阙西南,群蛮填聚……",宣武时仍未就绪,《魏书·李平传》云:"车驾将幸邺,平上表谏曰:……嵩京创构,洛邑俶营,虽年跨十稔,根基未就。代民至洛,始欲向尽,资产罄于迁移,牛畜毙于辇道,陵太行之险,越长津之难,辛勤备经,得达京阙,富者尤损太半,贫者可以意知。兼历岁从戎,不遑启处。自景明已来,差得休息。事农者未积二年之储,筑室者裁有数间之屋,……实宜安静新人,勤其稼穑,……"。在这种情况下,继续强迁的阻力当越来越大,所以孝明初就不能不明令停止了。《魏书·肃宗纪》云:

"熙平二年(公元517年)冬十月乙卯,诏曰:北京根旧,帝业所基,南迁二纪,犹有留住。怀本乐故,未能自遣,若未迁者,悉可听其仍停,安堵永业。……周之子孙,汉之刘族,遍于海内,咸致蕃衍,岂拘南北千里而已哉。"

以上记载,完全可以说明迁洛之后,平城没有荒废,至少到熙平年间还维持着旧都风貌;平城佛事当亦不应有太大变化,所以洛阳龙门石窟古阳洞南壁景明四年(公元503年)《比丘法生为孝文帝并北海王母子造象铭》中说:"北海母子崇信于二京,妙演之际,屡叨末莚"⑤⑨(图10)。二京者,即指洛阳与平城也。

第二、迁洛以后,对云冈开窟的实力,应作如实的估计。自昙曜开窟迄孝文南迁,云冈兴建大型窟室已有三十五年之久,可以推测,通过长期工程的锻炼,已培育出大量技艺力量和积累了大批各种佛教形象的设计资料。迁洛初期,新都忙于经营宫殿衙署,同时孝文又规定"都城制云,城内唯拟一永宁寺地,郭内唯拟尼寺一所,余悉城郭之外。欲令永遵此制,无敢逾矩"(《魏书·释老志》)。在这种情况下,云冈积累的开窟雕像的人才和资料,估计不会大量迁运洛阳,所以洛阳附近可以肯定开凿于孝文时的窟龛造像,只有龙门古阳一洞和其北侧的弥勒一龛。"逮景明之初,微有犯禁。故世宗仰修先志,爰发明旨,(洛阳)城内不造立浮图、僧尼寺舍,亦欲绝其希凯"(《魏书·释老志》),此时,龙门工程虽有扩展,如《释老志》所记:"景明初,世宗诏大长秋卿白整准代京灵岩寺石窟,于洛南伊阙山,为高祖、文昭皇太后营石窟二所。初建之始,窟顶去地三百一十尺。至正始二年(公元505年)中,始出斩山二十三丈。至大长秋卿王质谓斩山太高,费功难就,奏求下移就平,去地一百尺,南北一百四十尺。永平中(公元508年—512年),中尹刘腾奏为世宗复造石窟一,凡为三所。从景明元年(公元500年)至正光四年(公元523年)六月已前,用功八十万二千三百六十六",凿窟数量只有三座。用工多,特别是正始中以前主要是斩山工程;即使到正光四年停工时,三座窟实际仅完成了一座,即今宾阳中洞,其他两座的雕像工艺并未进行多少。因此,可以推知至少在永平之前,伊阙工程并不需要太多的雕刻术艺。所以,平城技艺这时有可能还未显著削弱,云冈石窟此后仍有兴建。《续高僧传·魏释超达传附僧明传》记:"僧明道人为北台石窟寺主",其时约当宣武、孝明之际⑥⓪,北台即指平城,北台石窟寺系与《魏书·肃宗纪》所记洛阳伊阙之"南石窟寺"相对而言,可见当时北魏朝野对云冈石窟犹甚重视,云冈之衰尚在其后。

第三、孝明以来洛阳佛寺工程急剧扩大与平城、云冈的衰落。《魏书·释老志》记:"神龟元年(公元518年)冬,司空公、尚书令、任城王澄奏:……比日私造(寺舍),动盈百数。……都城之中及郭邑之内检括寺舍,数乘五百,空地表刹,未文塔宇不在其数。……今之僧寺,无处不有,或比满城邑之中,或造溢屠沽之肆",洛阳佛寺之盛,始于孝明。《洛阳迦蓝记》所记规模较大的寺院,大都兴建于此时;龙门开凿窟龛之盛,也正出现于此时。《魏书·肃宗纪》记熙平二年(公元517年)冬十月乙卯所下停止北京居民南迁之诏书中,特别标出:

"门才术艺应于时求者,自别征引,不在斯例。"

这不仅说明当时洛阳兴建急需"门才术艺",更重要的是明确表明一直到熙平末年平城还有较多可供征引的"门才术艺"。云冈工程衰微疑与此诏所记"自别征引"有关。

正光四年(公元523年),柔然主阿那瓌"入塞寇抄"(《北史·蠕蠕传》),"南过至旧京"(《魏书·太武五王·临淮王谭传附孙孚传》),"驱掠良口"(《北史·蠕蠕传》)和"孝昌初(公元525年),近镇扰乱,侵逼旧京"(《魏书·杨播传附弟津传》)两事,更使平城与云冈进一步衰落。孝昌二年(公元526年)七月"魏仆射元纂以行台镇恒州。鲜于阿胡拥朔州流民寇恒州。戊申,陷平城。纂奔冀州"(《资治通鉴》梁普通七年),平城郭邑遂遭荒废。时"北镇纷乱,所在蜂起,六镇荡然,无复蕃捍"(《魏书·神元平文诸帝子

⑤⑦参看云冈古迹保养所《云冈新发现的一块北魏石刻》,刊《文物参考资料》1957年9期。

⑤⑧宣武以后,冬夏二居之制,据《北齐书·库狄干传》所记:"魏正光初(公元520年),(干)除扫逆党,授将军,宿卫于内。以家在寒乡,不宜毒暑,冬得入京师,夏归乡里",可知亦未完全废止。

⑤⑨参看龙门文物保管所《龙门石窟》图版44,1980年。

⑥⓪《续高僧传·魏释超达传附僧明传》记此事的全文是:"僧明道人为北台石窟寺主。魏氏之王天下也,每疑沙门为贼,收数百僧互系缚之。僧明为魁首,以绳急缠,从头至足,剋明斩决。明大怖,一心念观音,至半夜觉绳小宽,私心欣幸,精祷弥切,及晓,索然断绝,既因得脱,逃逸奔山。明旦,狱监来觅,不见,唯有断绳在地,知为神力所加也。即以奏闻。帝信道人不反,遂一时释放。"按北魏沙门之变,据《魏书》所记孝文时三起:延兴三年(公元473年),太和五年(公元481年),太和十四年(公元490年)。宣武时三起:永平二年(公元509年),三年,延昌三年(公元514年)。孝明时二起:延昌四年(公元515年),熙平二年(公元517年)。因知六世纪初,即宣武中期以后迄孝明之初这阶段次数最多,其中以延昌四年"六月,沙门法庆聚众反于冀州,杀阜城令,自称大乘"(《魏书·肃宗纪》),有"众五万余"(《北齐书·封隆之传》),影响最为广远。僧明故事,或与此有关。

图10 龙门石窟古阳洞景明四年造像铭拓片

孙·高凉王孤传附六世孙天穆传》),阿那瓌称雄漠南,"统率北方,颇为强盛"(《北史·蠕蠕传》),云冈第18窟窟口西侧"大茹茹"造像铭约即刊刻于此时。此后云冈不见记载百有余年,直迄《金碑》所记"贞观十五年(公元641年)守臣重建"前后,才又出现于唐初僧人撰述中[61]。

上述三个问题,大致说明了云冈第三期窟室出现的历史背景。迁洛后,皇室在云冈的大型窟室工程中辍,而大批留居和夏来的亲贵,中下官吏以及邑人信众充分利用平城旧有的技艺和资料,在云冈开凿了大量的中小窟室。云冈第一期无中小窟室,第二期为数也甚少,所以第三期盛行雕凿的大量中小窟室,即使起步于以前设计的基础上,也必然要有新的创造。同时,冬居洛阳的亲贵更深染华风,重视中原事物,所雕窟龛进一步汉化,亦是意中之事。因此,云冈第三期模式,自然又不同于第二期。值得注意的是,云冈第三期模式与洛阳地区北魏窟室的关系。

洛阳地区开始兴建石窟,主要参考云冈。孝文、宣武时期开凿的龙门古阳洞摹拟云冈第二期窟室。宣武以来开凿的宾阳洞,有明确记录的是"准代京灵岩寺石窟"(《魏书·释老志》),即云冈石窟,为一般所公认;但此后孝明时期开凿的大批中小窟室的渊源却少有论及。洛阳地区孝明时期开凿的中小窟室,主要有接近方形平面或方形平面的三壁设坛和三壁三龛两种形制,即云冈第三期的B型窟和C型c式窟[62]。在云冈,这两种形制窟室的出现都比洛阳为早;而且在窟室形制、布局、佛像组合、形象造型以及细部装饰等方面的发展变化,云冈不仅早于洛阳,更重要的是,其演变程序完整、清楚,与洛阳颇多突然出现或消失的情况不同,这就更有力地说明了变化的来源,主要出自云冈,而不是云冈较多地接受了洛阳影响。关于这个问题,将另文详述,现略举几项较显著之例如下:

一、三壁设坛窟,在云冈可以看到它的出现与A型窟关系密切,如第23窟(22),但窟形向方形发展的趋势明显。在洛阳龙门这种窟形来源、发展俱不清楚,远离龙门的新安西沃第1窟似乎才提供了它的发展趋向[63]。

二、分层布龛的壁面布局,在云冈的演变是从第二期的第7、8窟到第三期的C型窟。C型c式窟即三壁三龛窟,其来源虽亦有A型的因素,但主要还是属于C型。分层布龛的布局在洛阳龙门古阳洞、莲花洞之后,即不清楚,很难和洛阳地区盛行的三壁三龛窟联系起来,因而令人感到洛阳的三壁三龛窟似乎是突然出现的。

三、三壁设坛窟,三壁三龛窟的佛像组合,云冈第三期以释迦多宝为主像者尚多,三壁三龛窟在云冈第三期也还有以交脚弥勒为主像的。洛阳地区除龙门弥勒洞外已皆以释迦为主像[64]。洛阳三壁三龛窟的弥勒坐姿的交脚形式也有了改变[65]。

四、一佛二弟子二菩萨五尊像的出现,在云冈较早是弟子列在菩萨之次,如弟13:10(13f')、33等窟;然后才出现菩萨列在弟子之次,如第5:39、35、40:4(39E)等窟[66]。洛阳没有这个发展过程。

五、窟室前壁窟口两侧各雕一立佛,云冈渊源于阿输迦输土因缘(西)与立佛(东)并列,如第19窟之例。第三期尚多仍此制,如第5:11(5A)窟;亦有儒童本生(西)与立佛(东)并列者,如第35窟。单纯的并列立佛如第5:10(5B)者,数量甚少;此外属于A型窟室的第12:3(12f)、13:29(13a)窟东西两壁外侧各置一立佛,应是其变例。而洛阳地区三壁三龛窟前壁的立佛,都是单纯的立佛形式。

六、云冈石窟造像形象从雄健而丰满,演变到第三期的清秀,以及服饰的发展变化和衣褶的日益繁杂等,先后次第脉络清晰。洛阳初则杂然并陈,继则变化骤然。

七、装饰纹样可以龛面为例,云冈的华绳、兽面和宝帐龛饰,都从第二期起逐渐发展到第三期。洛阳则缺乏早期形式。

以上情况可以表明,从窟室形制到细部装饰,凡云冈、洛阳所共同具有的,主要应源于云冈。当然也不排除在云冈第二期窟室进一步汉化时,吸取了某些中原因素,但从窟室整体观察,洛阳地区北魏窟室式样,无论孝明以前,抑孝明以后,其主要来源应是云冈,而洛阳孝明以后的北魏窟室的主要特征,应属于云冈石窟的第三期模式。至于洛阳地区窟龛雕艺精细,主要由于两地石质的差别,云冈砂岩不可能产生洛阳坚致的石灰岩的效果;况且在当时绘饰敷彩的情况下,雕刻的精粗,对于各种形像的表现是关系不大的。

云冈石窟是新疆以东最早出现的大型石窟群,又是当时统治北中国的北魏皇室集中全国技艺和人力、物力所兴造,即使从第二期开始不完全是皇室工程,但大型窟室的开凿者也还多出自北魏亲贵。因此,它所创造和不断发展的新模式,自然成为魏国领域内兴凿石窟所参考的典型。所以,东自辽宁义县万佛堂石窟,西迄陕、甘、宁各地的北魏石窟,无不有云冈模式的踪迹,甚至远处河西走廊西端、开窟历史早于云冈的敦煌莫高窟亦不例外[67]。云冈石窟影响范围之广及其影响延续时间之长,是任何其他石窟所不能比拟的。这种情况,给我们石窟研究者提供了对我国淮河以北的早期石窟(五世纪后半叶到七世纪前半叶)进行排年分期的标准尺度。因此,云冈石窟在东方早期石窟中占有极重要的地位,对云冈石窟的研究在很大程度上成了研究东方早期石窟的关键,研究的深入与否,直接影响一大批石窟的研究工作。所以,我们应在总结过去成绩的基础上,踏踏实实地对云冈石窟进行细致的分析、综合和比较研究,这样才能使进一步探索东方石窟的工作出现一个新的开端。

1987年10月5日

[61] 参看[31]引文注[二五]。

[62] 参看拙著《洛阳地区北朝石窟的初步考察》中《龙门北朝洞窟开凿次第》一节。

[63] 参看温玉成《河南新安县西沃石窟》,刊《考古》1986年2期。

[64] 洛阳地区以交脚弥勒为窟室主像的只有龙门弥勒洞一例。该洞窟室形制是后壁设坛方形窟,参看[62]。

[65] 参看吕采芷《北魏后期的三壁三龛式窟》,刊本书第2卷。

[66] 云冈一佛二菩萨的造像组合之后,曾一度出现不规则的情况,第6窟最为典型:该窟塔柱南西两面下层龛内,两弟子位于胁侍菩萨内侧;西东两壁上层中龛,菩萨位于龛内,弟子立于龛外(第9窟前室后壁中层西侧释迦多宝龛外两侧各立一弟子,但与其相对的中层东侧释迦多宝龛外两侧又各立一菩萨);西壁下层南龛和南壁下层西龛外侧,弟子又与蓄发供养者相对置。可见其时造像组合尚未定型,故有此多种多样的安排。其后不久,始多见先菩萨后弟子的序列;再后该序列又逐渐为菩萨列于弟子之次的布置所代替。

[67] 参看拙著《敦煌莫高窟早期洞窟杂考》四《从新发现的绣佛估计现存最早洞窟的年代》,刊《大公报在港复刊三十周年纪念文集》上册,1978年。

云冈石窟新发现的几处建筑遗址

姜怀英　员海瑞　解廷凡

本世纪七十年代初期,结合云冈石窟的加固维修工程,我们先后对第9、10窟前庭和前室上方平台进行了发掘与清理,于前庭发现了一组柱础群,于平台发现了梁槽与瓦顶。同时在第12窟前壁列柱上方发现一座石雕的庑殿式屋顶。这些发现,为研究云冈石窟的窟前建筑提供了重要资料。现就发掘情况及其有关问题简述如下。

一　在第9、10窟前庭发现的柱础群

1972年10月,为了进一步探查第9、10窟窟前建筑的规模,我们将其窟前东西长30米、南北宽13米的地表积土进行了一次全面清理。积土为碎砖杂土层,深约50厘米,杂土层下面原铺有一层敷地方砖,铺设范围,东西长24.65米,南北宽11米,南侧残存砖砌的台明、散水。方砖下面即为前庭的原始基岩。第9窟前的基岩多有残损,第10窟前的基岩较为完整。靠西端的基岩上雕有一朵直径约3米而未完工的团莲和由联珠纹、莲花纹组成的边饰。两窟列柱之间的六个甬道上雕有莲花纹、联珠纹和龟背纹组成的图案,但均未向窟内外延伸,有些图案只雕出了粗糙的轮廓,尚未细琢(图1)。

对第9、10窟窟前的清理与发掘,早在1940年日本水野清一等即曾进行过,他们在窟前挖了三条南北向、二条东西向的探沟[①],出土过辽代敷地方砖、兽面纹瓦当等,并在靠近崖面的基岩上发现了几个不十分规整的柱础和柱槽。但是这几个柱石的位置、数量与显露在崖壁上方排列齐整的八个梁孔并不对应,显然不是同一座建筑的遗迹。那么,与这八个梁孔相呼应的柱础在哪里呢?经我们进一步发掘,结果在第10窟前距离崖壁4.3米的敷地方砖下面发现了一个长宽约1米的方槽,方槽的位置,恰好与西

[①] 参见水野清一、长广敏雄:《云冈石窟》第7卷。

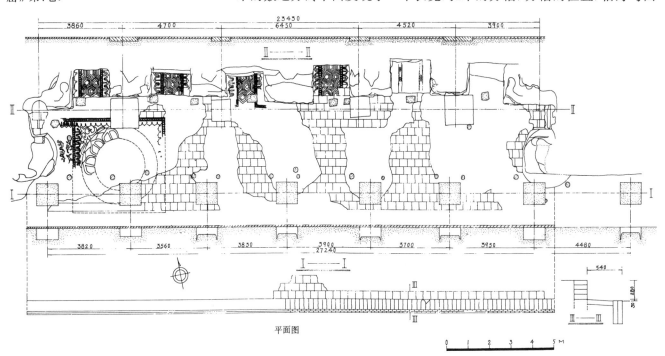

平面图

图1　第9·10窟前庭发现的柱础群

端第一个梁孔相对应。根据这一线索，我们继续向东探寻，终于又发现了七个方槽，总共八个。它们与崖壁平行排列，长度在1至1.18米之间。槽内积满了杂土与木炭，经清理发现，其中五个槽底凿为覆盆式柱础形，三个为平底，深度为18至52厘米不等，每个方槽两侧各有1至3个直径约15厘米的小圆槽对称排列。测量八个方槽的中心距离，进一步证明了与崖壁上八个梁孔的密切关系。由西往东，八个方槽的中心距离分别为3.82、3.56、3.83、3.90、3.70、3.95、4.48米，通长27.24米；八个梁孔的中心距离分别为3.86、3.60、3.80、3.90、3.65、3.90、4.55米，通长27.26米，两者极为相近。由此可见，应是同一座面阔七间的木结构建筑的遗迹。其东侧一间略大，应与保护外壁的浮雕佛塔有关。根据方槽内存有大量木炭的情况推测，该建筑物可能毁于火灾。

此外，在靠近崖壁的基岩上，还有一排柱础遗址，即水野等发现过的柱础。但其规格不一，大小不等。西起第一个柱础是在崖壁根部凿出的半圆形的槽，直径约30厘米，第二个柱础是长1.4米，宽1.2米，深20厘米的长形方槽，第三、四个柱础是长、宽各80厘米的方石，表面与敷地方砖平，第五个柱础是长、宽各1.4米的方石，第六个柱础的位置不甚明显。柱础的两侧，亦有圆形或方形的小槽。这些柱础与崖壁平行排列，由西往东中心距离分别为3.86、4.70、6.45、4.52、3.90米，通长23.43米，似为五开间的窟檐建筑遗迹。

二　在第9、10窟前室窟顶发现的梁槽与瓦顶遗迹

第9、10窟前室窟顶原有一道上下贯通的岸边裂隙，致使前壁列柱处于极不稳定的状态。1972年清除前室上方积土、加固危岩时，发现了灰色筒瓦、鸱尾、脊兽等瓦顶残迹。筒瓦长35厘米，直径约13厘米。下面即洞窟窟顶，东西长29米，进深4.5米，分上、下两层平台，上台宽约1.4米，下台宽约3米。在平台上，发现了六组排列整齐的梁槽，每组梁槽由上台的一个长槽和下台的两个三角槽组成(图2)。长槽呈南北向，长1.3米，宽41厘米，深12厘米，槽底各有一或两个长、宽为13厘米，深20厘米的小方槽。三角槽长43至52厘米，宽25厘米，深24厘米，两槽间中心距离为90至120厘米。长槽内尚存烧毁的木构件残迹。根据梁槽的排列和残存构件的情况推测，上层平台上的长槽似为安放大梁开凿的，槽底小方槽当是防止大梁移位而增设的榫卯结构，下层平台上的三角槽，很可能是类似"叉手"构件的脚卯。这是一组典型的依崖构筑的建筑遗迹。测量六组梁槽的中心距离，由西往东分别为3.96、4.60、6.42、4.67、3.85米，通长23.5米。与前庭靠近崖壁的六个柱础间距相吻合，应为同一座面阔五间的木结构窟檐建筑的遗迹。

三　在第12窟列柱上方发现一座石雕庑殿式屋顶

第12窟列柱上方，有一块突出于壁面之外的岩体，因受岸边裂隙的切割，时有崩塌的危险，原先用木柱支撑。1973年修补裂隙时，发现在这块岩体的上部残留着明显的瓦垄、脊兽等痕迹，经进一步清理积土尘埃，显露出一座石雕的庑殿式屋顶形象。正脊长3.6米，两端雕有鱼尾状鸱尾，脊中雕饰凤鸟、角脊、瓦垄均很明显(图3)，与窟内雕刻的"屋形龛"极为相近。只是列柱外侧雕饰和屋檐下的叉手、椽子等剥泐殆尽。根据列柱内侧完整保存着的装饰花纹、柱头上的栌斗、皿板、阑额，参照窟内"屋形龛"檐下的叉

图2　第9·10窟上方崖壁上层平台长槽和下层平台三角槽

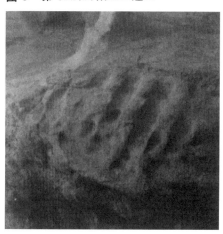

图3　第12窟窟檐瓦垄遗迹

手组合情况绘制出原状图,即能生动地再现云冈石窟中晚期洞窟外貌的某些变化(图4)。

四 第9、10窟窟檐原状探讨

这次在第9、10窟前庭发现的八个柱础,有一个压在了第10窟前基岩的花纹上,破坏了地面原有雕饰的完整性。一般说来,这种现象不太可能属于公元五世纪末第9、10窟雕凿完工时的自建自毁,也就是说,八个柱础不象是北魏时期的遗迹。而这八个柱础又都发现于方砖之下,说明辽金时期重建窟前建筑时,并未袭用以前的旧基,而是在其上面重新铺土筑基,兴建了与前代不同规模的建筑。由此看来,如果这七开间的窟檐建筑确系北魏以后、辽金以前所建,仅可能是《大金西京武州山重修大石窟寺碑》所云:"唐贞观十五年守臣重建"。此外,唐代留下的遗迹还有第3窟的主像及其胁侍菩萨②,和第5窟上方的寄骨洞等。至于那五开间的窟檐建筑,从柱础的位置和敷地方砖的关系来看,很可能是七开间窟檐毁弃之后辽金所建。辽代曾在云冈石窟"修大小(佛像)一千八百七十六尊",③工程浩大。总之,唐、辽、金在云冈都留下过修葺活动的遗迹,所以,先后建造第9、10窟的两座木结构窟檐是不无可能的。

那么,第9、10窟最初有无窟檐,这个窟檐是木结构建筑还是仿木结构形式的石雕建筑?我们认为第9、10窟开凿之初即有窟檐,很可能是和第12窟新发现的石雕屋顶相似的形式。首先,第9、10窟和第12窟一样,均在前立壁雕出粗大的八角列柱,柱头上可能雕出皿板、栌斗、阑额等建筑构件,表现出石雕窟檐的特点。第9、10窟前壁列柱上的岩体虽已严重剥落,但仍能发现有向外凸出的表现屋顶出檐的痕迹,而且檐下雕刻的人字叉手亦隐约可辨。此外,前室上方进深4.5米的平台,并非崖体自然凹进的形状,

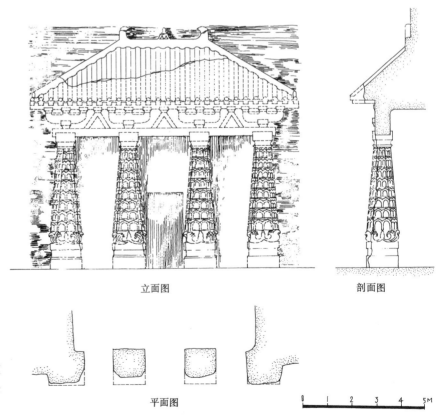

立面图　　　　　　　　　　　　剖面图

平面图

0　1　2　3　4　5M

图4　第12窟窟檐建筑复原图

　②参见宿白:《"大金西京武州山重修大石窟寺碑"校注》,刊《北京大学学报》1956年1期。

　③参见云冈石窟第13窟南壁铭记。

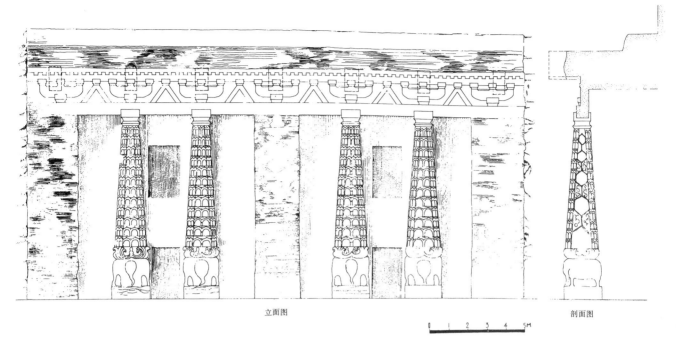

立面图

剖面图

0 1 2 3 4 5M

图5　第9·10窟窟檐建筑复原图

东西长度与两窟前室面宽相一致,平台后壁和东西两侧壁陡直平整,带有明显的斧凿痕迹,很可能与石雕屋顶有关。但从两层平台上、下错落的形式看,也不能排除第9、10窟的原状可能与天龙山第16窟那样的门罩形式相似。第9、10窟以雕镂巧丽著称,如华丽的窟门与明窗,精美的龛像与列柱,尤其是在前庭地面亦雕刻了莲花纹、龟背纹和联珠纹等装饰,由此可见,将石窟的前部开凿成具有列柱的前廊,使整个石窟的外貌呈现出殿廊形式的窟檐,雕刻成仿木结构的屋顶或门罩形式,是完全可能的(图5)。

　　近半个世纪以来,文物考古工作者在云冈石窟进行了多次发掘,发现了数量颇多的北魏时期和辽金时期的建筑遗迹。这些遗迹和石窟崖壁上方众多的梁孔、椽眼和人字形沟槽等相对照,说明在石窟前面曾大规模地修建过与现存第5、6窟木结构窟檐相类似的建筑。因此,郦道元在《水经注》中关于云冈石窟"山堂水殿,烟寺相望"的记载,是有根据的。总之,这次发现的几处建筑遗址,为研究云冈石窟的窟前建筑提供了可贵的依据。

云冈石窟的加固与保护

解廷凡

云冈石窟创建于公元五世纪,至今已有一千五百余年的历史,是我国现存规模最大的石窟群之一。为了永远保存这一珍贵的义化遗产,自二十世纪六十年代以来,我们经过不断地研究和探讨,应用现代科学技术,通过灌浆、锚固、补砌、支护、防渗、环境治理等保护措施,已经使云冈石窟岌岌可危的窟壁、窟顶悬石以及石雕佛像趋于稳定。现就有关加固与保护等问题介绍如下。

一 云冈石窟的破坏原因及残损情况

岩体的崩塌、岩石表面的风化是云冈石窟常见的两种自然破坏现象。这两种自然破坏的现象与该地区的地质情况、气候变化以及水的浸蚀、空气污染、地层震动等因素有着密切关系。

云冈石窟开凿在侏罗纪的厚层砂岩中,该砂岩为黄褐色并夹有紫色砂质页岩。岩石的主要成份为长石和石英,胶结物多含钙质和泥质,岩体交错层里发育岩性纵横不一。云冈石窟的岩层厚约40米,东西两端逐渐减薄。岩性变化规律大致是,上部石英含量多,东段长石含量多,因此这层砂岩上部比较坚硬,下部比较疏松;中西段比较坚硬,东段比较疏松。

云冈石窟地处内陆,是典型的大陆性半干旱气候。这里温差变化显著,日温差最高达24℃,年平均气温为7℃～10℃,全年最低温度为-30℃,最高温度为40℃。冰冻期达五个月,冻层深度为1.5米。窟内相对湿度最高100%,最低12%。

云冈石窟四周被大小六个煤矿环绕,窟前住有居民,生产和生活中排泄出一定数量的二氧化硫、氮氧化物、碳氧化物等有害气体。这些有害气体在大气中的含量随着季节和时间的不同而发生变化。一般冬季含量高,早晨和傍晚含量高,测试结果符合国家三级标准要求,但是,对石窟来讲仍有一定的危害性。

水是破坏云冈石窟的主要因素注。空气内的水份,因空气污染形成酸雨,对石窟具有一定的破坏性是显而易见的。地下水中,井水内含有硫酸根($SO_4^=$)166.37mg/升、碳酸氢根(HCO_3)259.46mg/升;第2窟泉水内含有硫酸根($SO_4^=$)76.10mg/升、碳酸氢根(HCO_3)245.80mg/升。这些离子与岩石内长石水解后生成盐,导致岩体表层严重风化。

云冈石窟位于大同盆地西部武州山脉。大同盆地的沉积层中,断层、挠曲等地质现象很普遍,有的地点地层错动一、二十米,这是地壳活动遗留下来的痕迹。地震是地壳活动的一种自然现象,受地层构造的影响,大同地区的地震比较频繁。自云冈石窟创建以来,历史上发生的重大地震(最大震级达7.5级)具不完全统计有:

(北魏) 延昌元年四月庚辰,京师及并、朔等六州地震,恒州之繁峙、桑乾、灵丘……雁门地震陷裂,山崩泉涌,杀五千三百一十人,伤者二千七百二十二人,牛马杂畜死伤者三千余。(《魏书·灵征志》上)

(元) 大德九年四月己酉,大同路地震,有声如雷,坏庐舍五千八百,压

注 参见黄克忠《云冈石窟砂岩石雕的风化问题》,刊《水文地质工程地质》1984年3期。

死者一千四百余人,怀仁县地震,涌水尽黑。(《元史·五行志》)

(明)成化三年五月壬申,宣府、大同地震,有声,……坏墩台墙垣,压
　　　伤人。天启六年六月丙子,京师地震。……宣府、大同俱数十震,
　　　死伤惨甚。山西灵丘昼夜数震,月余方止。城郭庐舍并摧,压
　　　死人民无算。(《明史》卷三十)

(清)嘉庆十九年冬地震,廿年三月地震。(《大同县志》卷二)

云冈石窟在上述各种因素的相互作用下,势必加速它的自然毁坏,再
加上石窟区域内原生构造裂隙多,约一公里长洞窟群的开凿又破坏了原
来的岩体结构,引起岩体内应力变化,致使云冈石窟裂隙纵横,悬石累累,
崩塌情况时有发生,风化现象日趋严重,雕像残肢断臂现象比比皆是。

例如第5、6窟:第5窟门拱东壁早已断裂前倾(图1a),随时都有倒塌的
危险;北壁主佛右脸颊有细裂隙东西向切割,严重威胁着大佛头部的安全;
第5窟和第6窟的间墙受裂隙的切割,中下部已毁坏约三平方米,第5窟西
立佛从颈部穿腰身已被该裂隙分离。

又如第9、10窟:其前室顶板和东西壁面均被同一条围岩裂隙切割分
离(图2a),该裂隙向上把窟内顶板和窟外崖顶勾通。尤为严重的是,第9窟
前室顶板中部莲花雕梁,已断裂成长8米、宽1米、厚0.7米的悬石,只因东、
西、北三面与顶板相互咬合,才未大面积崩塌,而一块重约一吨的莲花雕
石已经塌落。第10窟前立壁西侧上部业已崩塌无存。第9、10窟间墙,受压
裂隙纵横交错,壁面支离破碎,危在旦夕,前立壁列柱风化剥蚀严重,隐藏
着崩塌的危机。第9、10窟已是险相环生,严重地威胁着它的存在。

再如第18、19窟:其窟外前立壁已经塌陷,上部呈凸出的犬牙状倾斜
滑坡,个别部位已经和窟内穿通(图3a)。窟内四壁遭两层砂质页岩风化带
环绕破坏。尤为严重的是第18窟北壁主佛腰部蚀空面积既大又深,主佛与
北壁岩体存有裂隙。第19窟主佛腰身和手臂发生断裂、错位(图4a)。另外
这两个窟的主佛下额和鼻翼均不同程度地存在崩塌现象。

还有第20窟:主佛和东立佛腰部砂质页岩已风化蚀空(图5a);前壁和
西壁崩塌无存,残留的窟顶西端因失去支撑也岌岌可危。

图2 a　第10窟前室东壁与窟顶修补前

图2 b　第10窟前室东壁与窟顶修补后

图1 a　第5窟拱门东壁力士修补前

图1 b　第5窟拱门东壁力士修补后

203

二 加固保护措施

图 3 a 第 18 · 19 窟外崖壁修补前

图 3 b 第 18 · 19 窟外崖壁修补后

为了防止石窟的继续崩塌和雕刻艺术品的风化,自1960年开始,文化部组织科学技术人员对云冈石窟采取了一系列保护措施。首先选用了丙烯酸酯类高分子化学材料,对石窟围岩裂隙进行灌浆加固,对雕像表面进行喷涂封护,对残落部位进行归位粘接(见表1)。在维修加固过程中,由于丙烯酸酯类材料施工时工艺复杂,后改用中国科学院广州化学研究所提供的呋喃改性环氧树脂作为石窟灌浆粘接加固材料,经我们和文物保护科学技术研究所等单位的共同实验与研究,取得了可喜的成就。这一成果在1974年至1976年云冈石窟维修加固工程以及近年来的日常维修过程中,得到了广泛应用。

(一) 环氧树脂在石窟加固工程中的应用:

环氧树脂是含有环氧基团的热塑型线型高分子材料,当前用途最广泛的是双酚A型环氧树脂。它自身并不能固化,必须加入固化剂,使分子交联成立体穿插的网状大分子,成为不溶不熔的坚硬固体。环氧树脂的粘度大,并且直接加入固化剂固化后的固体发脆。因此用于石窟围岩裂隙的灌浆粘接加固,应该降低环氧树脂的粘度,提高它的可灌性和韧性。呋喃改性环氧树脂具备上述特点,但是否适用于石窟灌浆粘接加固的要求,为此进行了如下实验。

其一:呋喃改性环氧树脂,是双酚A型环氧树脂,加入共聚性稀释剂以胺类为固化剂配制而成。

我们根据云冈石窟在加固保护工作中存在的问题和要求,模拟现场作了环氧树脂和呋喃改性环氧树脂不同配方的实验研究;对岩石粘接、灌浆粘接加固、岩石粉末固结、硅酸盐水泥固结均进行了岩样试验,测试其物理机械性能和破坏特征等情况。结果表明:粘接、灌浆粘接加固的试件,经物理机械强度测试,均系岩石自身破坏;岩石粉末、硅酸盐水泥固结强度均高于岩石强度(见表2、3、4)。

呋喃改性环氧树脂中,共聚的稀释剂用量不同,则关系到改性环氧树脂粘度的大小,同时也影响到粘接加固物理机械强度的变化。对固化剂的选择,多元胺比一元胺的效果好而且毒性小。实验还表明,在环氧树脂中加入501号活性稀释剂后,粘接材料的粘度小而物理机械强度高。

从岩石裂隙灌浆粘接加固和岩石粘接的受力情况来分析,可以归纳为拉抻、剪切、劈裂、剥离四种形式(图6)。

用环氧树脂材料灌浆粘接加固或岩石粘接后的物理机械强度,因受力形式不同,其变化很大。一般砂岩的抗剪强度在200公斤/cm^2左右,但

表1 维修方法及其效果

维修时间	材料名称	处 理 部 位	处理方法	效 果
1962年	丙烯酸酯类	第1窟塔柱水平裂隙,东西向垂直裂隙	灌浆粘接加固	1987年9月检验效果良好
1962年	丙烯酸酯类	第10和11窟之间壁面佛龛坐佛头部,右臂,左肩	残断部位归位粘接,表面喷涂封护	1987年9月检验效果良好
1964年	丙烯酸酯类	第14窟塔柱裂隙	灌浆粘接加固	1987年9月检验效果良好
1965年	丙烯酸酯类	第1窟门拱顶部水平裂隙	灌浆粘接加固	1987年9月检验效果良好
1965年	丙烯酸酯类	第1窟门拱顶部东侧垂直裂隙	灌浆粘接加固	1987年9月检验效果良好
1965年	丙烯酸酯类	第23、24窟间墙扶正归位	裂缝灌浆粘接加固	1987年9月检验效果良好
1965年	环氧树脂	第23窟顶板	归位粘接	1987年9月检验效果良好
1965年	环氧树脂	第28窟顶板	归位粘接	1987年9月检验效果良好

表2 呋喃改性环氧树脂固结材料与岩石测试结果对比

名　　称		固 化 剂	抗压（kg/cm²）	抗拉（kg/cm²）	抗剪切（kg/cm²）
云冈砂岩				32.8	84.3
改性环氧树脂 100 砂岩粉末 300		乙二胺　7	613	95	144
改性环氧树脂 100 硅酸盐水泥 200		乙二胺　7	954	202	287

注: 材料和固化剂均为重量比（下同）。

表3 环氧树脂粘接岩石测试结果

名　　称	固 化 剂	抗剪切（kg/cm²）		抗拉（kg/cm²） （劈裂法）	测试件破坏 特　征
		正应力	剪应力		
环氧树脂 100 501号活性稀释剂 20	乙二胺　　10	113	195	17	岩石面破坏
	二乙烯三胺　14	117	203	16	岩石面破坏
	三乙烯四胺　15	107	186	22	岩石面破坏

表4 呋喃改性环氧树脂灌浆加固岩石测试结果

名　称	固 化 剂	抗剪切（kg/cm²）		抗拉（kg/cm²） (劈裂法)	测试件破坏 特征
		正应力	剪应力		
A₁ 改性环 氧树脂	乙二胺　7	132	229	15	岩石面破坏
	二乙烯三胺 11	106	168	21	岩石面破坏
	三乙烯四胺 14	106	184	20	岩石面破坏
	多乙烯多胺 15	109	188	22	岩石面破坏
A₂ 改性环 氧树脂	乙二胺　8	144	250	24	岩石面破坏
	二乙烯三胺 11	117	202	23	岩石面破坏
	三乙烯四胺 13	131	227	20	岩石面破坏
	多乙烯多胺 14	142	246	21	岩石面破坏

图 4 a　第 19 窟坐佛修补前

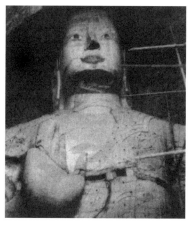

图 5 a　第 20 窟坐佛修补前

图 4 b　第 19 窟坐佛修补后

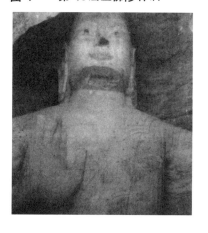

图 5 b　第 20 窟坐佛修补后

是劈裂和剥离强度都很低，仅及抗剪强度的十分之一左右。因在劈裂和剥离的情况下，被加固的粘接面，受力不均匀，主要应力集中在边缘较狭窄的区域内，似作用在一条线上。然而在石窟粘接中。不存在剥离破坏的情况。因此在工程设计时必须使石窟的加固粘接面，较多地承受拉力和剪力，尽量避免承受劈裂力。

从裂隙灌浆粘接加固和岩石粘接的粘接层来分析，可以看出有三方面在受力(图7)。

岩石Ⅰ、岩石Ⅱ、粘接层，这三者只要有一方面因受力而破坏，粘接就失去意义。裂隙灌浆粘接加固和岩石粘接的目的，就是把岩石Ⅰ、岩石Ⅱ用粘接剂固定为一个整体。为此不仅要考虑到粘接剂与岩石的粘接力，而且还必须考虑被粘接的岩石自身的强度。不顾及岩石质地，单纯追求粘接剂的强度，是没有实际意义的。

环氧树脂的韧性差，而云冈石窟所处的气候条件，日平均温差在20℃左右，温差剧烈变化所产生的热应力，是一种疲劳性的冲击，因此需提高粘接材料的韧性，而韧性提高后又会降低粘接强度，所以只能因地制宜，解决主要矛盾。我们认为为提高韧性，而适当地降低一些粘接强度，是合理的。只要灌浆、粘接材料的粘接力的强度，不低于被粘接岩石之强度，就可以满足石窟加固工程的要求。

其二: 呋喃改性环氧树脂B，是在呋喃改性环氧树脂A的基础上，改变配方和配制方法而制成的，即配制成呋喃混合体，然后再与双酚A型环氧树脂混合，经胺类固化剂固化即可。

呋喃改性环氧树脂B灌浆液，解决了呋喃改性环氧树脂A灌浆液因放热量大而易发生爆聚的不良现象。实验证明，呋喃改性环氧树脂B，灌注粘接云冈石窟砂岩，在抗拉、抗剪方面均高于岩体本身的强度(见表5)。应当说明的是，在配制呋喃改性环氧树脂时，随着反应温度的变化，其粘度将会增大，所以它适用于灌注5毫米以上的宽裂缝，遇到5毫米以下的细裂隙，不能用该材料灌浆，应选用呋喃改性环氧树脂A灌浆加固。

其三: 防止漏浆污染。在环氧树脂灌浆粘接加固、残落部位归位粘接的过程中，都要防止漏浆。一旦溢漏，不仅影响施工速度和工程质量，更严重的是污染文物，有悖于施工目的。经过多次实验，基本上解决了这个问题。我们的方法是涂刷软肥皂或有机硅防水剂、光蜡、聚乙烯可扒漆来防止溢漏，方法简便而效果良好。

(二) 环氧树脂加固工程施工工艺

围岩裂隙灌浆粘接加固工艺步骤。1、清理裂隙内的污垢和积土，以保证灌浆粘接加固效果。2、在裂隙周围涂抹防护涂料，以防漏浆污染。3、用环氧树脂粘接液(见表6)加固裂隙边缘风化层，同时用环氧树脂胶泥由下向上封闭裂隙，并在裂隙上每隔20至30厘米安装一根直径0.6厘米的灌浆管(排气管)。对宽大的裂隙，应一边封闭一边在裂隙内填加干净的砂粒或碎石。4、关闭灌浆管，从一个灌浆管内加入1~2个大气压，检查环氧树脂胶泥及其裂隙四周是否有漏浆现象。5、打开进浆管和排气管阀，加压1~2kg/cm²开始灌浆。灌至饱和或所需高度时停止灌浆。灌浆时应注意由下向上逐层灌注，每次配制浆液控制在三公斤以内，气温不能低于10℃。6、发现有渗液现象时立即减压，用粘接胶泥加以堵塞，并予加热使其快速硬化。也可以用软肥皂挤压渗液处，达到堵漏目的。7、待浆液固化后，对维修部分加以修饰，使之保持与原壁的和谐一致。

残落部位归位粘接。云冈石窟断裂石雕，基本上有三种情况，一是原石断裂后断裂面比较完好;二是原石断裂面已风化互不吻合;三是原石经

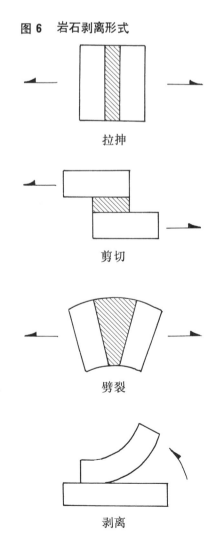

图6 岩石剥离形式

拉抻

剪切

劈裂

剥离

图 7　粘接层与岩石的受力

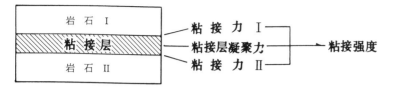

图 8　安装锚杆示意图

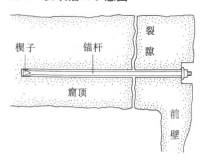

风化形成凹陷蚀空带。

　　凡需要粘接的断石,应首先清除断面污物,用粘接液加固断石面,然后再进行吻合粘接。粘接时应在断石边缘留出适当的空隙,避免粘接材料外溢造成污染。对凹陷蚀空处,应配制加工好的料石进行补砌粘接。粘接胶泥固化后,可作适当雕饰。

　　(三)　其他加固方法和保护措施

　　1、金属锚杆加固:采用金属锚杆加固石窟围岩,早在六十年代就在云冈石窟作过试验研究。当时采用的是楔缝式锚杆,钻孔里没有灌浆粘接加固,只是利用金属楔头与岩石之间的锚固力。经测试,六根锚杆锚固力平均为8.3吨,最高达到11.4吨,接近钢筋的极限强度(见表7)。缺点是锚杆受力后出现少量位移。

　　以后,我们把锚杆加固作为灌浆粘接加固的辅助手段,先用锚杆把悬石固定在崖体上,然后进行灌浆,因悬石受粘接剂与锚固的双重作用,所以石窟围岩裂隙的加固效果得到了明显的提高。

　　施工中应注意,锚杆的安装方向大致和裂隙走向相垂直,锚杆接近水平但必须是里高外低,以提高剪切力(图8)。锚杆要布成梅花形或梯形,防止锚杆在同一水平线或垂直线上。

　　2、荒料石包嵌钢筋混凝土框架支护加固:试验证明,整体护壁加固人工维修加固的痕迹十分明显,而且难以保护崖壁上遗存的雕刻品和恢

表5　呋喃改性环氧树脂灌浆加固岩石测试结果

名　　称		固　化　剂	抗剪切（kg/cm²）		抗拉（kg/cm²）（劈裂法）	测试件破坏特　征
			正应力	剪应力		
呋喃改性环氧树脂B₁	100	二乙烯三胺　20	121	210	21	岩石面破坏
		多乙烯多胺　30	220	280	16	岩石面破坏
呋喃改性环氧树脂B₂	100	多乙烯多胺　30	213	255	15	岩石面破坏

表6　环氧树脂粘接液、胶泥配方

6101号环氧树脂	501号活性稀释剂	多乙烯多胺	岩石粉末	白水泥
100	20	16		
100	20	16	200	100

表7　锚杆受力测试结果

钻孔（mm）		杆　体（mm）				楔　子（mm）				受拉力（T）
规格φ	深度	规格φ	杆长	缝长	缝宽	长度	宽度	上端厚	下端厚	
34	500	24	1300	150	3	150	21	21	2	8.3
40	500	27.5	1300	165	3	160	27	24	2.5	11.41
50	500	27.5	1300	153	3	150	25	31.5	2	8.31
40	300	27.5	1100	170	2.5	150	21	27	2	6.73
40	500	27.5	1300	175	3	145	25	21	3.5	9.05
34	700	27.5	1500	149	2.5	148	23.5	20	1.5	6.17

复原状。为此,我们在总结整体护壁加固经验的基础上,采用钢筋混凝土框架外包嵌荒料石支撑崖壁悬石的方法,达到了预期的目的。对崖壁上小面积风化蚀空塌陷部位,还采用局部扎钢筋网浇注混凝土加固的方法,使崖壁既得到了加固又保持了外观的协调一致。

3、防渗措施:云冈石窟渗水现象,在个别洞窟比较突出,为此我们曾在窟外崖顶浇注了钢筋混凝土防护层,并在局部范围内平整、夯实、填补了山顶低洼穴坑,同时在崖顶前沿垒砌了排水渠,对个别洞窟内的泉水也采取了降低水位,做渠疏导等措施。

4、环境保护措施:长期以来在有关部门的配合下,我们为保护云冈石窟周围的环境采取了以下措施。首先,在石窟前栽种了防护林带。其次,将原石窟门前的公路改迁到了武州川岸边,并开辟了窟前广场。第三,调整了煤矿风井噪音方向并安装了消音设备。第四,禁止在石窟周围炸山取石。第五,经国家有关部门批准,划定了云冈石窟3.6平方公里(东西长2.275公里,南北宽1.565公里)的保护范围,此范围以内的地下煤炭严禁采掘。这些措施,对云冈石窟的保护起到了一定的作用。

经过多年的研究与实践,我们已初步掌握了维修保护石窟寺的科学方法,现在的云冈石窟,断裂崖体已安全稳定(图1b～5b)。云冈石窟正以崭新的面貌迎接着国内外的研究者和旅游观光者的到来。

云冈石窟新编窟号说明

李雪芹

　　半个多世纪以来,中外学者对云冈石窟的洞窟序号曾进行过多次编排。由于编排者受客观条件所限,未能对石窟面貌作全面了解,加之对石窟认识上的不同,因而在编排上不同程度地存在着主观片面性,出现了只重视大窟而忽视小窟(龛)的现象,从而未能全面系统地反映云冈石窟的真实面貌。近几年来,随着石窟考古工作的发展和深入,一批从未被编号的洞窟重新被人们所重视,这样,过去洞窟编号中某些不科学的因素就显露出来了。特别是1987年编写《云冈石窟内容总录》时,由于洞窟编号不完善,给我们的工作带来了极大的困难。因此,重新核实、编排洞窟序号,以便如实地反映云冈石窟的全貌,就显得十分必要了。鉴于这一情况,1987年8月,在北京大学考古系的协助下,我们对洞窟序号重新进行了编排。现就编号原则及有关问题作以下说明。

一

　　云冈石窟有大小洞窟二百多个,主要分布在武州山南麓,长约一公里。由于自然沟谷的分隔,使石窟形成东部、中部、西部三部分。早在石窟编号之前,云冈石佛寺的僧人根据历来传闻和洞窟特征,曾给二十个洞窟起过名称,即现编号的第1窟为石鼓洞,第2窟为寒泉洞,第3窟为灵岩寺洞,第5窟为阿弥陀洞(又称大佛殿),第6窟为释迦佛洞(又称如来殿),第7窟为准提阁菩萨洞(又称弥勒殿),第8窟为佛籁洞,第9窟为阿閦佛洞,第10窟为毗卢佛洞,第11窟为接引佛洞,第12窟为离垢地菩萨洞,第13窟为文殊菩萨洞(第9窟至第13窟又合称五华洞),第15窟为导佛洞,第17窟为普贤菩萨洞,第18窟为普贤菩萨洞,第19:1窟为阿閦佛洞,第19窟为宝生佛洞,第19:2窟为阿閦佛洞,第20窟为白佛爷[①]。这些洞名,特别是以窟内主要佛像命名的,几乎全部都有差误。所以,国内外许多记录云冈石窟的学者,都认为有正式编排窟号的必要。最早进行编号工作的是1902年日本伊东忠太。但伊东只注意了中部窟群,编了十个序号,即现编号的第5窟至第13窟及第13:4窟,而对东部、西部洞窟均未涉及[②]。此后迄新中国成立之前,较重要的编号有以下四次。

　　(一)1907年,法国沙畹(E·chavannes)将中部现编号的第5窟至第13窟,依次编为第1窟至第9窟,将西部的"昙曜五窟"依次续编为第16窟至第20窟。而东部洞窟和西部现编号的第14窟、第15窟以及第20窟以西诸窟均未编入。这里,沙畹首先提出"昙曜五窟"编号为第16窟至第20窟,这一编排一直延用至今[③]。

　　(二)1919年,日本关野贞、常盘大定对云冈石窟的窟号进行编排,由东向西,编东部洞窟为第1窟至第4窟,即现编号的第1窟至第4窟;中部洞窟为第5窟至第13窟,即现编号的第5窟至第13窟;西部"昙曜五窟"为第16窟至第20窟,即现编号的第16窟至第20窟;西部的塔洞编为第21窟,即现编号的第39窟。此外,关野、常盘还根据诸窟特点附有专名,如第1窟为东塔洞,第5窟为大佛洞等。自此,云冈石窟的主洞编号基本完成[④]。

　　①参见《修建大同武州山石窟寺施工计画书》,刊《山西大同武州山石窟寺记》,1922年。白志谦《大同云冈石窟寺记》,1936年。水野清一、长广敏雄《云冈石佛寺》,刊《云冈石窟》第2卷,1955年。

　　②参见伊东忠太《中国山西云冈の石窟寺》,刊《国华》第197、198号,1906年。该文又附于《山西大同武州山石窟寺记》。

　　③参见E·chavannes, Mission archeologiques dans la chine Septentrionale, Tome II解说,1915年。

　　④参见关野贞、常盘大定《中国佛教史迹评解》第2册,1926年。

(三)1933年,梁思成先生等中国营造学社同仁以洞窟所在的东、中、西三部分为单位进行编号,东部编为第1洞至第4洞,即现编号的第1窟至第4窟;中部编为第1洞至第9洞,即现编号的第5窟至第13窟;西部编为第1洞至第6洞,即"昙曜五窟"(第16窟至第20窟)和现编号的第39窟⑤。

(四)1938年至1945年,日本水野清一、长广敏雄在云冈石窟调查时,作了一次较全面的编排。他们从东部第1窟编起,至西部尽端共编了四十六个主要窟号。主要窟号中的第1窟至第20窟,承袭了关野、常盘的编号。此外,又将主要洞窟外崖壁上的小窟龛编为各主要洞窟的附号,有一定深度的窟室,以大写英文字母为序,崖壁上的小龛,以小写英文字母为序,此类附属窟龛共编了一百五十三个。编号虽较详细,但仍有遗漏,编排体例也不统一⑥。

新中国成立后,云冈古迹保养所于1955年曾对主要洞窟作了一次简单的编排,这次基本上沿用的是关野贞等人的编号。1962年,云冈古迹保养所改名云冈石窟文物保管所。1964年,云冈石窟文物保管所结合西部窟群的加固工程,将第20窟以西的三十三个主要洞窟,依次进行了编号,加上1955年编号的第1窟至第20窟,公布云冈石窟主要洞窟为五十三个。此后,二十多个春秋过去了,随着石窟考古研究工作的开展和石窟保护加固工程的进行,加之近年来又逐步清理出一批被积土埋没的洞窟⑦,因此,对云冈石窟进行一次较彻底的调查和编号,就提到日程上来了。我们这次共编了主要洞窟四十五个,附属窟龛二○七个。鉴于人们对云冈第1窟至第20窟的编号已沿用习惯,所以在编排中予以保留,而对一些附窟和西部洞窟的编号,作了较大的变动(详见本卷附录:云冈石窟新旧窟号对照表)。

二

在这次洞窟编号中,我们首先对石窟的分布作了较细致的调查,并对前人的编号进行了客观分析。我们发觉水野、长广的编号虽较详细,但也存在不应有的遗漏。如第3窟外壁应编附号的窟龛有二十个之多,他们竟全部漏编。又如第5窟、第6窟外壁上、下的附窟,他们也漏编了不少,如第5窟外东侧下部,他们只编了四个附窟,即现编号的第5:1窟(水野等编号5L)、第5:2窟(5K)、第5:3窟(5h)、第5:4窟(5J),漏掉了五个附窟,即现编号的第5:5窟、第5:6窟、第5:7窟、第5:8窟和第5:9窟;第5窟、第6窟上部,他们只编了五个附窟,即现编号的第5:32窟(5H)、第5:33窟(5G)、第6:11窟(5C)、第6:12窟(6f)、第6:13窟(6e),漏掉了第5:37窟和第5:39窟两个附窟。还有一些已无主要内容,基本上是空窟的洞窟,水野等人竟编为主窟,如现编号的第43:2窟和第44:1窟,水野等编为第44窟和第45窟。此外,水野等曾予编号的少数窟龛,由于风蚀严重,我们未予编号,如水野编号的12b、12c。

这次对云冈石窟进行编号,我们基本上遵照以下原则:

(一)早已被人们沿用习惯的第1窟至第20窟的编号,仍保留不变。主要洞窟周围的小窟龛,按所在位置,就近编为各主窟的附窟。编号顺序由东向西,先下后上。

(二)第20窟以西窟群,原则上以下层洞窟为主窟。若下层洞窟内已基本无雕刻内容,而其上层洞窟内容较丰富,且有一定的代表性,则以该上层洞窟为主窟,如第38窟。

(三)附窟的划分,原则上以主窟东侧的窟龛为该主窟的附窟,编号顺

⑤参见梁思成、林徽音、刘敦桢《云冈石窟中所表现的北魏建筑》,刊《中国营造学社汇刊》第4卷3、4合期,1933年。

⑥参见水野清一、长广敏雄《云冈石窟》,1952年至1956年。

⑦参见赵曙光《龙王庙沟西侧古代遗址清理简报》,刊本书第2卷。

序由东向西,先下后上。若个别洞窟西距主窟甚远,则就近划其为东侧主窟的附窟。如第37:2窟,原则上应划归第38窟,因距离较远,故编为第37窟的附窟。又如第13窟西侧诸窟,亦因距第14窟太远而编为第13窟的附窟。

(四)个别仅具龛形而内无雕像的较小窟龛,原则上未予编号,对其中雕凿较深者,只在编号示意图中以虚线表示。

总之,这次重新对云冈石窟进行编号,目的是为了如实地反映云冈石窟的全貌,以利于了解和认识云冈石窟的总体布局,进而使云冈石窟各方面的研究工作得以深入开展。但由于时间仓猝,调查和编排中难免存在疏漏或差错,望各界同好不吝赐教。

北魏平城鹿野苑石窟调查记

李治国　刘建军

　　鹿野苑石窟是北魏建都平城时期开凿的石窟之一。近五十年间，不少人寻觅其迹，均无所获①。1980年7月进行文物普查时，在大同市西北小石寺村附近的山沟石崖上发现了一处石窟，命名为小石寺石窟。1987年7月17日至21日，我们对该石窟进行了较详细的考察、清理和测绘。从其地理位置和环境、石窟形制、造像特征、雕刻内容等方面分析，并结合历史文献加以考察研究，我们认为，新发现的小石寺石窟应是北魏平城鹿野苑石窟。

　　北魏时期是中国佛教发展史上的重要阶段。太武帝(拓跋焘)废佛灭法虽曾酿成"佛图形象及胡经，尽皆击破焚烧，沙门无少长悉坑之"②的局面，但太武帝死后不久，佛教复又兴盛起来，继而大规模地开凿石窟，使佛教的发展在北中国达到高潮。北魏平城的鹿野苑石窟就是在这样的历史背景下开凿的。它的发现，对研究北魏石窟的分期和发展变化提供了新的实物资料。下面就鹿野苑石窟的考察情况作一简述。

一　地理位置和环境

　　新发现的鹿野苑石窟位于大同市西北约10公里的雷公山脉北端大石崖背沟北山崖面上，东南距小石寺村1.5公里，南距安家小村的北魏城垣遗迹4公里。石窟开凿在大沙沟三叉口北侧山体的"U"形弯处。此大沙沟乃古代河流的遗迹，河滩上现仍有泉眼。洞窟坐北朝南，高出河滩十多米。石窟西、南面临大沙沟，隔沟眺望是高低起伏的山峦。整个石窟处于山水环抱之中，是僧人"修禅习定"的理想处所。

二　石窟现状和清理经过

　　鹿野苑石窟自北魏开凿以来，后世曾进行过修整。现窟前存有一组石券窑洞建筑，布局完整，结构严谨。现正殿坍塌，积土掩埋了部分洞窟，山门及东、西配殿保存较好。西配殿内遗有壁画一幅。1987年7月，我们对部分洞窟进行了清理，在石窟西部清理出了正殿的后墙。墙体由石块砌成，厚80厘米，封闭了西部大部分禅窟。从积土内清理出了许多明清时期的滴水、脊饰及砖等建筑构件。

　　值得注意的是石窟的崖面上明显地遗留着四个宽约1米的梁孔，其中心距离分别为4.20、4.40、4.20米。说明窟前曾经有过窟檐建筑，从积土中发现的辽代砖、瓦的情况分析，辽代曾在窟前建造过木结构窟檐。此外，窟前和西侧山坡上都发现了少量北魏时期的黑色光面板瓦，可以推测北魏时期即有地面营建。

　　鹿野苑石窟东西长30米，现存洞窟十一个，由东向西分别编为1至11窟。其中第6窟为造像窟，居于中央，两侧各五个禅窟(图1)。现分别介绍如下。

　　第6窟平面呈马蹄形，窟顶为穹隆顶，东西宽3.20米，进深2.53米，窟

　　①水野清一、长广敏雄：《云冈石窟》第一卷(1952年)序章《云冈石窟序说》中说：北苑西山中有鹿野佛图，……那里有岩房禅堂，其中有禅僧。但是，现在那种痕迹是很难找到的了。

　　②《魏书·释老志》

212

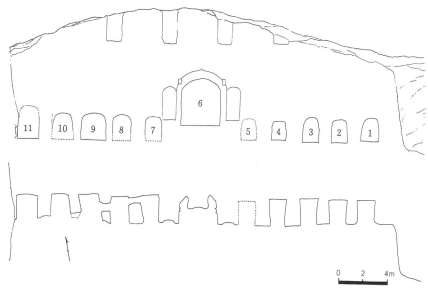

图 1 鹿野苑石窟平面·立面图

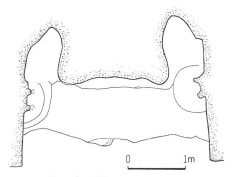

图 2 第 6 窟平面图

图 3 第 6 窟坐佛与右胁侍菩萨

图 4 第 6 窟右胁侍菩萨

高3.50米(图2)。窟内现存造像三躯,正中为坐佛,两侧各一胁侍菩萨。造像虽已残,然雕刻风格仍清晰可辨。主佛高2.60米,结跏趺坐,面相方圆,两肩齐挺,上身内着僧祇支,衣纹以阴线雕刻成弧形,外披袒右肩大衣,衣纹以起突法雕就,给人以厚重感,衣领雕刻出折叠纹,右手原作说法印(图3)。胁侍菩萨头戴宝冠,长发披肩,宝缯作折叠下垂状,颈饰项圈,身披络腋,长裙贴体,彩带外扬,右手上举于胸前,左手下垂似提净瓶。菩萨头部两侧雕忍冬纹,饰有头光。西侧一躯保存较好(图4、5)。窟内壁面有后世泥塑彩绘过的痕迹,但已无法辨其内容。窟外雕尖拱门楣,楣内风化严重。窟门两侧各雕一力士,东侧一躯残高1.93米,饰圆形头光,姿态雄健,动感强烈(图6)。西侧一躯风化严重。

第1窟至第5窟和第7窟至第11窟,平面略呈方形,穹隆顶,洞窟大小不一,窟内无任何雕饰,是典型的禅窟。其尺寸见下表。

窟号	1	2	3	4	5*	7*	8*	9	10*	11**
面宽	1.53	1.56	1.56	1.55	—	1.45	1.50	1.52	1.55	1.72
进深	1.90	1.90	2.07	2.03	—	2.01	2.10	1.97	1.82	1.90
窟高	1.80	1.80	1.98	1.57	—	—	—	2.05	—	—

注: * 窟内积土未清理,无法测其高度。

** 窟顶已崩塌。

(单位: 米)

图 5 第 6 窟右胁侍菩萨

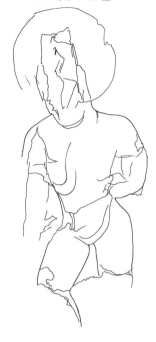

图6　第6窟窟门东侧力士

图7　初转法轮像

　　③《魏书·太祖纪》
　　④《魏书·太宗纪》
　　⑤有关北苑与鹿苑的规模在《水经注》和《魏书》中都有记载，本文不拟作具体讨论。

东部禅窟保存较好，清理出的第1窟至第4窟，壁面规整，窟口略收缩。西部禅窟崩塌严重，第11窟前壁、西壁及窟顶已无存。第7窟、第8窟和第9窟内有孔道相通。

三　鹿野苑石窟名称的由来

　　据《魏书·释老志》"高祖践位，显祖移御北苑崇光宫，览习玄籍，建鹿野佛图于苑中之西山，去崇光右十里，岩房禅堂，禅僧居其中焉"记载，明确了鹿野苑石窟的地理位置和石窟特征，也就是说，鹿野苑石窟建于北苑的西山，同时又具备"鹿野佛图"与"岩房禅堂"两个特征。

　　首先从地理位置方面考察。鹿野苑石窟开凿在北苑的西山，然而北苑的营造时间和规模史料中无详细记载。最早记录北苑是《魏书·灵征志》(上)："太宗永兴三年(公元411年)春，于北苑获白鼠一，寻死。"可见公元411年北苑已营建完成。在此之前，天兴二年(公元399年)二月，北魏即"以所获高车众起鹿苑"③，建成北苑后，明元帝又于"泰常六年(公元421年)发京师六千人筑苑，起自旧苑，东包白登，周回三十余里"④，营建新苑。新苑起自"旧苑"，这里究竟是指鹿苑还是北苑？根据天兴二年(公元399年)筑苑，到天兴四年(公元401年)以后，"鹿苑"不再见于史书，文献中却出现了"北苑"，我们认为很可能北苑取代了鹿苑，或是鹿苑成了北苑的一部分⑤。因此，"旧苑"是指天兴二年修筑的鹿苑，也就是后来的北苑。同时依据新发现的北魏石窟的地理位置分析，其地亦符合平城北苑(即鹿苑)的"苑中之西山"的方位。

　　其次，从鹿野苑石窟所具备的两个特征考察。第一，"鹿野佛图"，是指石窟雕刻释迦在波罗奈国鹿野苑说法的形象⑥，这种说法形象由鹿野苑而得名。云冈石窟中第6窟、第11窟、第12窟、第13窟均雕有鹿野苑说法像，其表现形式为：主佛作说法形象，佛坛前中间雕三个法轮，两侧各雕一鹿，象征说法地波罗奈国鹿野苑，两旁雕供养人等。这种鹿野苑说法的形象，在克孜尔石窟、敦煌莫高窟、麦积山石窟、龙门石窟均有出现，而云冈石窟出现较早。但在这次新发现的石窟中的说法像却无鹿和法轮。这一情况，我们可从印度Sārnāth出土的公元五世纪鹿野苑初转法轮说法像中得到印证。此鹿野苑说法像，一种是雕一结跏趺坐佛，手作转法轮印，象征释迦在鹿野苑说法；一种是只雕一个法轮，与云冈石窟所见初转法轮形式相似(图7)。这些情况表明，鹿野苑说法像的表现形式并不强调一致，它只不过是通过某种形式来表现佛在鹿野苑说法之意。所以北魏的鹿野苑石窟即选在鹿苑(北苑)中开凿，造像窟的说法像即为"鹿野佛图"。第二，"岩房禅堂，禅僧居其中焉"，是指石窟中有专供僧人习禅的禅窟。当时高允撰写的《鹿苑赋》中也指出了"凿仙窟以居禅"⑦的特点。这次新发现的北魏石窟，既有鹿野苑说法形象，又有供僧人习禅的禅窟，与历史资料中的鹿野苑石窟的特征相吻合。所以说，新发现的石窟即为北魏鹿野苑石窟可以无疑。

　　北魏时期起鹿苑原与佛教并无关系。《魏书·太祖纪》载：天兴二年(公元399年)"以所获高车众起鹿苑，南因台阴，北距长城，东包白登，属之西山，广轮数十里"。《魏书·高车传》亦记此事："太祖自牛川南引，大校猎，以高车为围，骑徒遮列，周七百余里，聚杂兽于其中。因驱至平城，即以高车众起鹿苑"。因此知太祖建鹿苑，只是作为狩猎或饲养杂兽的场所，并无佛教含义。这种作法，很符合拓跋鲜卑民族游牧生活的习俗。

随着北魏势力范围的不断扩大，公元439年太武帝灭北凉，统一了北方，迁"自张轨后，世信佛教"的凉州吏民三万余户到平城，"沙门佛事皆俱东，象教弥增矣"⑧，平城佛教逐渐兴起。特别是公元453年文成帝恢复佛教，公元460年任以禅业见称的凉州沙门昙曜为沙门统，主持开凿武州山石窟寺以来，平城佛教更加兴盛，教义得到了迅速发展。

佛教的发展，是鹿苑性质改变的主要原因。佛经中"鹿林昔有五百群鹿，在此林中有鹿王，一是菩萨，一是真鹿王，……以此林野长施群鹿，从是以来遂以鹿林为名"⑨的鹿林缘起与北魏鹿苑相符合。鹿林是鹿野苑的别名。所以，北魏选择了鹿苑（北苑）开凿鹿野苑石窟。这一问题，我们从高允的《鹿苑赋》中可以进一步得到证明。

"踵姬文而筑苑，苞山泽以开制，植群物以充雾，蠲四民之常税。暨我皇之继统，诞天纵之明睿。追鹿野之在昔，兴三转之高义，振幽宗于已永，旷千载而可寄。于是命匠选工，刊兹西岭，注诚端思，仰模神影。庶真容之仿佛，曜金晖之焕丽，即灵岩以构宇，竦百寻而直正。……若祇洹之瞪对，孰道场之途回。……凿仙窟以居禅，辟重阶以通术。……"⑩

此赋说明了三个问题，一是鹿苑修建之初并无佛教之意，二是献文帝笃信佛教，三是追溯鹿野苑为佛教始祖释迦牟尼初转法轮的说法圣地，流传久远，令人倾慕，因此选择鹿苑开凿鹿野佛图和岩房禅堂作为坐禅修行之所。显然，北魏的鹿苑初为"聚杂兽于其中"处，一旦受到佛教的影响，便接受了佛教中鹿林缘起之说，使之成为开凿鹿野苑石窟的重要场所。

四 鹿野苑石窟的创建年代

《魏书·显祖纪》载："(皇兴)四年(公元470年)十有二月甲辰，幸鹿野苑石窟寺。"可见在此之前鹿野苑石窟已经建成。《鹿苑赋》在描述鹿苑的情况时也阐述了石窟的建造时间，"暨我皇(献文帝)之继统"，于是开凿了石窟。所以说，鹿野苑石窟创建于献文帝时期。

《魏书·显祖纪》记献文帝"雅薄时务，常有遗世之心，欲禅位于叔父京兆王子推"，"优游履道，颐神养性"，"群臣固请，帝乃止。"《魏书·释老志》也记述"显祖即位，敦信尤深，览诸经论，好老、庄。每引诸沙门及能谈玄之士，与论理要。"这样一个"优游履道"的皇帝，建鹿野苑石窟，"凿仙窟以居禅"，正是他有"遗世之心"的体现。后来，献文帝禅位于孝文帝，移居北苑崇光宫，往来鹿野苑石窟应是更为方便之事。所以，承明元年(公元476年)，献文帝卒后，高祖孝文帝于太和元年(公元477年)"六月己丑幸鹿野苑"(《魏书·高祖纪》)，其中就包括追念献文帝之意。

鹿野苑石窟的造像窟形制，椭圆形平面，穹隆顶，大像占据洞窟的主要空间，这些都与云冈昙曜五窟有着共同的特点。其造像样式，也与云冈第20窟主佛的样式相一致。在衣纹的表现手法上，多用起突和阴线刻的形式(图8)。特别是佛左臂的衣纹，与云冈第20窟及陕西省博物馆收藏的皇兴五年(公元471年)交脚佛左臂衣纹的雕刻手法及表现形式几乎相同(图9)。通过比较，它们之间在造像特征和雕刻手法等方面也存在着明显的变化。鹿野苑石窟的造像样式在很大程度上吸收继承了云冈石窟早期造像的特征，同时又有所发展。在雕刻技法上，线条简洁流畅，对云冈中期造像有一定的影响，反映了北魏时期造像特征及雕刻技法方面的某些变化过程。造像组合出现了一佛二菩萨和窟口外两侧各雕一力士的新形式。

图8 第6窟坐佛

图9 皇兴五年交脚佛

⑥"鹿野苑"是释迦牟尼第一次向其信徒宣讲佛法之地，是佛教圣地的象征。鹿野苑在佛经及文献中所见别名颇多，如鹿苑、仙人论处、仙人住处、仙人鹿苑、仙园、施魔园、鹿园、鹿林等。其每一名称都有一定的故事作缘起。

⑦《广弘明集》卷27，大正新修《大藏经》第52册史传部4。

⑧参见注②。

⑨《杂譬喻经》，大正新修《大藏经》第4册本缘部下。

⑩参见注⑦。

焦山、吴官屯石窟调查记

丁明夷　李治国

云冈石窟现存主要洞窟四十五个，东西绵亘约一公里。但唐代以来，对云冈石窟的描述，皆云谷深三十里，龛像相连。例如《广弘明集》卷二《释老志》道宣注文称：

> "今时见者传云：谷深三十里，东为僧寺，名曰灵岩，西头尼寺，各凿石为龛，容千人。"

《续高僧传》卷一《昙曜传》记载：

> "去恒安西北三十里武周山谷北面石崖，就而镌之，建立佛寺，名曰灵岩，龛之大者举高二十余丈，可受三千许人，……栉比相连三十余里，东头僧寺，恒供千人。"

《大金西京重修武州山大石窟寺碑》亦记：

> "十寺之外，西至悬空寺，在焦山之东，远及一舍，皆有龛像，所谓栉比相连者也。"

其中以《金碑》所记最为具体。按云冈石窟以西，傍武州川水，现存北魏石窟遗迹共有三处：(一)鲁班窑石窟，在云冈石窟西南，武州川南岸，前人曾疑为云冈西头尼寺所在。(二)吴官屯石窟，从云冈西行，上溯约四公里，在武州川北岸崖壁上，遗有窟龛二十三个。(三)焦山石窟，从云冈沿武州川西行约十五公里，在高山镇北面焦山南坡，遗有洞窟十一个。其中，吴官屯和焦山石窟，与云冈石窟同处武州川北岸，而焦山石窟又恰当自云冈西来的山冈尽处，东西连接，云冈石窟可以说绵延十五公里。

1950年，雁北文物勘察团调查发现焦山寺遗址，并确认上述北魏石窟遗迹的存在[①]，从而解决了道宣所记云冈石窟"栉比相连三十余里"的悬案。近年来，云冈石窟文物保管所对焦山和吴官屯石窟遗迹，即新进行了勘察、测绘和拍摄工作，现将调查结果简介如下。

一　焦山石窟遗迹

焦山位于大同城西约三十公里高山镇对面，武州川北岸。高山镇是一

图 1　焦山石窟全景

①王逊《云冈一带勘察记》，刊《雁北文物勘查团报告》，1951年。

图 2　焦山石窟立面图

处明代的卫所,清代也成兵屯驻,正当大同通往左云、右玉的交通要道。至少从汉代开始,这里就是汉与匈奴交通的必经之路。《汉书·匈奴传》记载:

> "匈奴自单于以下皆亲汉,往来长城下,……乃以十万骑入武州塞。"

北魏时,这里是旧都盛乐和新都平城间的往来孔道。焦山和高山镇隔武州川相望,这里位处内外长城之间,得交通地理之便,又当武州川西部出山塞口,正是选择石窟位置的形胜之地。

焦山孤耸于武州川北岸,山麓被河水冲刷成陡立的崖壁。依山势叠次而上,现存塔、庙和石窟遗迹,上下共四层(图1、2,实测图1)。

第一层正中为泰山庙残址,庙作砖石砌拱券窑洞式,三个横窟作⊓形排列,每窟三门。据雁北文物勘察团调查,原有明万历三十二年(公元1604年)四月吉日立建修泰山碑,庙东山坡旁有清代道士寿塔,可知庙为道教寺宇。庙西侧现存三个方形残窟(第1、2、11窟),窟内无雕饰。从石窟形制看,接近云冈的北魏小型禅窟。洞窟间凿有石阶道,拾级而上可达第二层。

第二层正中为河神庙残址,据题记知为"万历□□年创建修理"。殿东原有万历三十四年(公元1606年)修建白衣观音庙残碑。庙址东、西有二组五个石窟。西一组三窟相连(第3、4、5窟),窟均为方形平顶。三窟间凿通道,前壁各凿一明窗,第3、4窟间由阶道与下层第11窟相通。第5窟北壁下部,凿出通壁长方形僧床(实测图2)。看来,这是一座僧房窟。壁面原无雕饰,后代粉刷墙皮,尚残存彩绘坐佛像,窟中原塑二菩萨,壁画和塑像皆为明代以后作品。东一组两个窟。第6窟平面略呈马蹄形,面阔460厘米,进深430厘米,平顶高410厘米(图4、5,实测图3)。窟内正壁塑通顶大坐佛,占据了窟中主要位置,从地面残迹观察,原应有石雕大坐佛。窟壁残存木桩孔洞,原亦为安置塑像用。正壁塑佛右侧,残存明代题记两则,一为"焦山神倒到神到□法心,……正统七年(公元1442年)",一为"永乐九年(公元1411年)岁在辛卯九月二十一日,安东中府总申吴道同大同左卫中所□□王汉到此,□西南府延昌县人,此地是笑天"。题记在剥落的泥皮下显露,可知现存泥皮和塑像,应为明永乐、正统年间遗物。而焦山寺或即为崇祀焦山

图 3　焦山石窟第一层泰山庙遗址

焦山石窟实测图

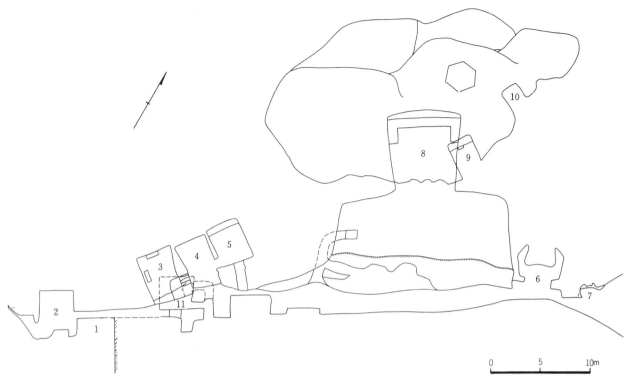

1　焦山石窟平面图

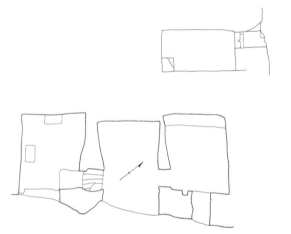

2　第3・4・5窟平面图与第5窟剖面图

3　第6窟平面・立面・剖面图

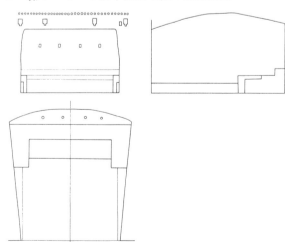

4　第8窟平面・立面・剖面图

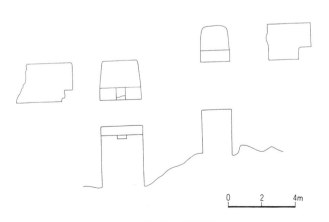

5　第9・10窟平面・立面・剖面图

神而建。窟外前壁窟门上方及两侧,遗有长方形梁孔和圆形桩孔,崖壁上方凿有人字形排水沟。这些建筑遗迹,与云冈第1～20窟崖面上辽金时代建筑遗迹相同,说明辽金时焦山亦建有后接窟室的砖木结构寺宇。按辽金西京——大同城内外,曾兴建一批寺庙。武州川河谷北岸,东起佛字湾、观音堂,西至焦山,都遗有规模不等的佛教建筑遗存,其中以云冈十寺规模尤著。窟前西(右)侧,有二小龛,各凿一坐佛,均已风化泐损。从残存风格看,应为北魏造像。第7窟位于第6窟东侧上方,为一小方窟,遗有释迦多宝并坐佛,亦属北魏作品。

图4 焦山石窟第6·7窟外景

第三层共存三窟。正中第8窟为一方形大窟,平顶略有弧度,面阔720厘米,进深760厘米,顶高440厘米(图6,实测图4)。窟由正壁及左右壁凿出低坛床,后壁壁面及坛上,遗有塑像迹。侧壁遗有残壁画,画上人物沥粉堆金,有四臂鬼王和群臣供养像等,窟顶装绘红黑色相间的云纹。壁画榜题有"计都王君"、"火星君(？)"、"水……尊"等。窟前崖面残存枋孔、椽孔等建筑遗迹,窟前有片石垒砌的前墙残段,应为辽金以来的窟前建筑遗存。第9、10窟位于第8窟东上方,均为平顶方形窟,正壁下部凿出像坛(实测图9)。两窟内除残存墙皮面,无其它雕饰。

图5 焦山石窟第6窟

山顶矗立一座三层六角形砖塔。每层正面辟圆拱门,第一层内作横券顶,第二层内作纵券顶,第三层内作攒尖顶。各层间有砖梯上下,顶层外形高耸细长。塔外饰砖雕斗拱。从建筑结构、样式看,塔为明清时代的遗存。

焦山现存遗迹,大体可分作三期。第一期属北魏时期,现存洞窟中大多属这一时期石窟,石窟类型有造像窟(龛)、僧房和禅窟。其中第6窟的马蹄形平面以及主像占据窟中主要位置的情形,颇类云冈早期昙曜五窟的格局,或许开凿较早;窟外前壁上的宝珠形装饰和悬塑像的桩孔,与近年发现的鹿野苑石窟(建于北魏皇兴二年,即公元468年前)相似。第7窟的释迦多宝佛并坐像,为云冈中期以后流行的题材。第二期为辽金时期,如第6、8窟,应为这一时期利用北魏旧窟前建木构寺庙。第三期为明代以后,现存最早题记为明永乐、正统年间。当时高山镇为"大同左卫中所"所在,焦山寺或许就在此时利用旧窟改建。万历年间的泰山、河神、白衣观音庙,则是因故址修建。清初以后,高山卫所废弃,焦山寺庙可能转入衰败期。总之,焦山遗迹的主体应是北魏洞窟,辽金和明代,因旧窟或故址改建寺庙,兴建佛塔,这就是寺庙布局分建两层的原故。

二 吴官屯石窟遗迹

吴官屯石窟位于云冈以西约四公里处的武州川北岸崖壁上,东西相连二百余米,多为小型窟龛。据近年云冈石窟文物保管所重新勘察编号[②],现存窟龛三十二个,皆为北魏遗存(图7～11)。这批窟龛中,约有三分之一高、宽、深在1米以上,其中第19窟高、宽、深在2米左右,其它多数为1米以下的龛像。各窟龛多已残破,风化较甚。各窟龛的具体尺寸和主要造像内容,见下表。

图6 焦山石窟第8窟

上述窟龛中,小型窟多为方形平顶,左、右、后三壁各开一龛,龛内坛上各雕一坐佛二立菩萨,佛背光两侧雕数层小供养像。平顶略圆,中凿圆莲和飞天,如第1、25窟(图12、13)。一些较大的龛像,亦多作三壁三龛式,左、右、后壁皆雕一佛二菩萨。龛饰有圆拱、盝形和宝帐式。龛楣雕供养群像和过去七佛。龛侧凿出多列龛,中雕供养人、立菩萨、思惟菩萨和维摩文殊对坐像。有的龛作上下重龛,上龛雕交脚弥勒菩萨,下龛雕释迦多宝

②吴官屯石窟的编号原则:(1)所有窟龛统一编号;(2)按由东向西、自下而上的顺序依次编号。

图 7 吴官屯石窟立面图

图 8 吴官屯石窟第 1～18 窟外景

图 10 吴官屯石窟第 8～16 窟外景

图 9 吴官屯石窟第 1～7 窟外景

图 11 吴官屯石窟第 21～30 窟外景

③宿白:《 云冈石窟分期试论 》,刊《考古学报》1978年1期。

图 12 吴官屯石窟第 1 窟

窟龛号	1	2	3	4	5	6	7	8	9	10	11	12	13	14	15	16
宽	160	132	90	127	97	57	103	144	115	63	82	99	72	72	82	55
进深	140	100	?	?	?	?	?	120	70	?	33	87	?	?	40	?
高 (cm)	137	125	123	147	132	90	137	86	121	63	100	115	74	80	63	65
主要造像	╫—╫ / ✕—✕	╫—╫ / ✕—✕	╫—╫	╫—╫ / △ △	✕ / ⇌	—	╫—╫ / ╫—╫	╫—╫ / ╫✕╫	⇌	—	↖✕↗ / —	⇌	—	—	—	╫—╫

窟龛号	17	18	19	20	21	22	23	24	25	26	27	28	29	30	31	32
宽	160	80	235	90	100	126	55	24	135	48	93	40	78	83	90	90
进深	115	74	190	74	90	140	?	20	100	?	?	?	?	68	80	45
高 (cm)	180	104	210	107	104	142	70	95	143	64	115	77	82	97	100	94
主要造像	—	⇌	╫—╫ / ╫✕╫	—	╫—╫	—	╫—╫	╫—╫	╫—╫ / ╫—╫	╫—╫	╫—╫	╫—╫	╫—╫	╫—╫		

— 坐佛　╫ 胁侍菩萨　✕ 交脚菩萨　⇌ 释迦多宝　↖↗ 思惟菩萨　△ 维摩·文殊

并坐像。如第4窟(龛),龛顶雕一列供养人,中间为小坐佛。龛楣雕七佛像。主像坐佛座侧各雕一狮。坐佛龛侧各凿三列龛,上侧为跪姿供养菩萨,中层为立姿供养菩萨,下层为维摩、文殊对坐像。全龛最下层,雕一列供养行列,应为男女相对而立。第5龛为上下重层龛,上层雕交脚弥勒菩萨,下层雕释迦多宝并坐像,龛顶雕一列供养像,龛侧左右各列上下三龛,上层为供养菩萨,中层为维摩文殊对坐像,下层为供养菩萨。

这些情况表明,吴官屯石窟的特点是:没有成组的窟,小型窟龛居多,布局多样的小龛遍布崖面。小窟和较大龛多为左、右、后壁各开一龛式窟龛,正壁雕释迦像,东壁雕弥勒像。龛像中流行上下重龛(上龛弥勒、下龛释迦多宝)、左右三层龛的形制。三壁三龛式窟龛和上下重龛式龛像,形制趋于方整,雕饰益加繁缛;造像题材既有释迦弥勒并重的趋势,又加强了释迦多宝与弥勒的联系,见证深定的七佛见于龛楣。特别是仅容一人的三壁三龛式小窟,都说明窟龛更向符合禅观的方向发展③。造像虽多风化剥蚀,但仍可看出身躯修长,面目清癯的特点。立菩萨帔帛于腹际穿壁,坐佛大衣下摆披覆佛座。这些特点,表明吴官屯石窟的北魏造像,主要开凿于迁都洛阳之后,与云冈晚期的造型、题材相近。

图 13　吴官屯石窟第 24·25 窟

图版说明

刘建军

1 从第20窟远望云冈石窟中部窟群

云冈石窟著名的第20窟大佛，造像雄健，雕饰精美，因窟檐崩毁而外露，俗称露天大佛，是云冈早期作品之一。从第20窟东望中部窟群。"山堂水殿，烟寺相望"，楼檐飞阁，气势非凡。

2 武州山远望

云冈石窟开凿于武州山麓，南面武州川，东、西延绵约一公里，主要洞窟45个，附属窟龛207个，造像五万余躯，雕凿在东部、中部、西部三个窟群之中。

3 云冈石窟中部窟群·西部窟群

4 云冈石窟山门及第5、6窟

沿山门拾级而上，迎面为第5、6窟，窟前建四层木构楼阁。中部、西部窟群鳞次栉比，掩映在花丛树影之中，巍然壮观。

5 第1窟 中心塔柱

6 第1窟 东壁·南壁·西壁

第1窟为塔庙窟，平面呈方形，平顶，中央雕方形塔柱。塔柱分二层，四面开龛雕像。下层塔檐为仿木结构屋顶形，雕出瓦垄、斗拱等。上层塔檐为宝盖，四周雕三角纹帷幕。塔顶雕须弥山连接窟顶。塔柱崩塌严重，经近期修补。

7 第1窟 东壁下层北侧 本生故事

东壁下层北侧现存浮雕本生故事两幅，表现了出猎与追射鹿群的场面。

8 第1窟 西壁

西壁中层并列四龛，四龛之间雕佛塔三座。上层雕千佛、三角纹带与伎乐列龛。下层雕刻风化无存。

9 第1窟 西壁中层北侧 佛塔

佛塔为楼阁式，现存顶部三层。下二层内雕二佛并坐，上层内雕坐佛，层间雕饰三角纹带，塔顶雕蕉叶，中出童子。

10 第1窟 南壁

南壁中央上开明窗，下凿窟门。壁面上层雕伎乐、三角纹带与坐佛，中层东、西侧各雕一屋形龛，内雕维摩、文殊等像，头部多被盗凿。下层早期崩塌，经近期修补。

11 第2窟 中心塔柱及东壁

此窟与第一窟为一组双窟，形制、布局略同。中心塔柱塔檐皆为仿木结构屋顶形，塔檐四角各镂雕一根八棱柱，使塔柱更加宏伟华丽。东壁中层并列四龛，四龛之间雕佛塔三座，塔下部与龛内佛像风化严重。上层雕列佛、三角纹帷幕与伎乐列龛，南侧保存较好。下层北侧现存浮雕佛传故事两幅。一幅风化严重，一幅为太子竞射场面。

12 第2窟 东壁中层 第2龛 倚坐佛

圆拱龛内佛像风化严重，似为倚坐佛。龛楣正中为坐佛，两侧雕供养天六躯，楣尾二龙反顾。龛两侧各雕一方形佛塔，上部保存较好。上层的千佛、三角纹带与伎乐列龛，既有较强的装饰性，又活跃了场面的气氛。

13 第2窟 东壁中层 第3龛 坐佛

佛像似为坐佛，位于南起第三龛内，虽风化严重，但慈蔼的容貌，满脸的笑意依可仿佛。

14 第2窟 东壁中层中部 佛塔

佛塔位于东壁中部，原似为五层。现存两层为屋形，檐下垂帷幕，内分别雕倚坐佛和交脚弥勒。塔顶雕须弥座，其上雕蕉叶，内出化生童子。塔刹高耸，两侧长幡垂挂。

15 第2窟 东壁下层北侧 太子竞射

此浮雕位于东壁下层北侧，风化崩裂严重。画面显示了释迦为太子时与人竞射的场面，是本窟现存较清晰的一幅佛传故事浮雕。

16 第2窟 东壁中层北侧 佛塔

佛塔为仿楼阁式建筑，现存最上一层，内雕交脚菩萨。塔顶雕须弥座，上雕蕉叶童子和高耸的塔刹，塔刹两侧雕长幡飞动。

17 第3窟外景

18 第3窟 前室上层东侧 塔柱

第3窟前室分为上、下两层，上层中央雕方形窟室，崩塌较为严重。东、西两侧各雕一方形塔柱，塔为三层，每层雕为屋形，四面开龛造像。塔柱风化严重，然仿木构屋檐斗拱、叉手仍可辨认。

19 第3窟 后室 倚坐佛及胁侍菩萨

20 第3窟 后室 倚坐佛及窟室东部

21 第3窟 后室 右胁侍菩萨 局部

22 第3窟 后室 左胁侍菩萨 局部

第三窟是云冈石窟最大的洞窟，开凿于云冈中期，但终北魏迄未完工。洞窟分前后室，后室原似为塔庙窟设计，但只凿出了塔柱南壁与东、西两壁的南侧部分。洞窟南壁上部东、西各开一明窗，西侧明窗下凿一窟门。正对窟门有唐代补雕的佛像一铺。主佛为倚坐佛，圆润丰满，神态安详。火焰纹背光内雕飞天与坐佛。主佛两侧各雕一胁侍菩萨，右菩萨体态端庄，冠饰华丽，秀发垂肩，笑容可掬。左菩萨右手举于胸前，左手自然下垂，冠饰花束与兽面纹，面相丰腴，神态凝重。造像雕刻精美，刀法娴熟，反映了当时高超的雕刻技艺。

23 第4窟 中心塔柱南面

第4窟为塔庙窟，南壁开一门二明窗，洞窟较小，只开凿了上半部。塔柱南壁所雕立佛与胁侍菩萨均风化殆尽。

24 第4-1窟 东壁 交脚菩萨
此窟为三壁三龛式洞窟，东壁凿盝形帷幕龛，内雕交脚弥勒菩萨。菩萨面相清瘦，长颈削肩，帔帛于胸前交穿于环中，长裙下摆呈锯齿状散披于狮子座上，具有明显的云冈晚期造像风格。

25 第5窟外景
此窟开凿于云冈中期，清顺治八年(公元1651年)依崖壁重修木结构四层楼阁一座，歇山飞檐，巍然壮观。

26 第5窟 楼阁 上层东侧 坐佛 局部
佛高肉髻，双耳垂肩，长眉细目，面含笑意，清秀端庄。此像雕刻精致，线条流畅，是云冈石窟雕刻艺术中的精品。

27 第5窟 北壁 坐佛
第五窟平面为椭圆形，穹隆顶。北壁主佛结跏趺坐，高逾17米，是云冈石窟最大的雕像。火焰纹背光直通窟顶，气势雄伟壮观。后世曾予补塑、贴金并彩绘。

28 第5窟 主佛及西壁
第五窟西壁北侧雕一立佛，壁面雕满了大小龛像，其中部分龛像缺乏统一布局，似为后期补刻。南壁上部正中开较大的明窗，下开拱门。明窗与拱门之间雕两列佛龛。南壁两侧亦雕有布局不规则的龛像。

29 第5窟 东壁 立佛
第五窟东、西两壁北侧各雕一立佛，与主佛合称三世佛。佛像均经后世补塑、彩绘。东、西两壁满雕龛像，西壁龛像保存较好，东壁龛像风化严重，多经后世补塑。

30 第5窟 西壁 立佛
31 第5窟 西壁 立佛 局部
立佛身着对领装，右手作施无畏印。面相清秀，细眉高鼻，双目深邃，嘴角上翘，慈蔼可亲。此像亦曾被后世补塑，1977年维修时将外层泥塑剥落，才显露出其本来风貌。舟形身光下部，已被后期补刻的龛像打破。

32 第5窟 西壁南侧 佛龛群
西壁南侧诸龛分层排列，错落有致，造像特征大体相同，内容组合与龛形变化多种多样，杂而不乱。

33 第5窟 西壁第2层中部南侧 二佛并坐 局部
34 第5窟 西壁第2层中部南侧 龛楣 局部
图33为二佛并坐龛中左侧佛像，结跏趺坐，身着褒衣博带佛装。头略前倾，双目微闭，给人以无限的遐思。此龛为圆拱龛，龛楣内雕坐佛九躯，楣尾为兽头反顾，龛楣外上部两侧雕供养天十躯合十虔敬。图34为龛楣左侧雕像。

35 第5窟 西壁第2层上部南侧 佛龛
盝形帷幕龛内雕交脚菩萨，龛外两侧各雕二弟子合十供养。龛楣方格内各雕飞天一躯。龛楣下垂帷幕，上部两侧

各雕三躯供养人。内容组合较为特殊。弟子身披袈裟，双手合十，长眉细目，眼帘下垂，嘴角上翘，满面笑容。恭敬的神态亲切而生动。

36 第5窟 西壁第3层 第1龛
从南侧数第1龛为圆拱龛，内雕坐佛，右手上举，左手持衣角，呈说法形象。龛楣中央雕坐佛，两侧雕跪姿供养菩萨，合十虔敬，其中一菩萨右手振臂高举。龛外两侧各雕一力士，威武雄健。

37 第5窟 西壁第3层 第2龛
盝形帷幕龛内雕交脚菩萨，头戴高冠，身披帔帛，面相丰圆，两侧各跪一弟子。龛外两侧各雕一胁侍菩萨。龛楣方格内各雕一飞天，身姿优美，飘带飞扬，自由翱翔于天际。

38 第5窟 西壁第3层 第3龛
圆拱龛内雕二佛并坐，佛像高肉髻，面相清秀，着褒衣博带佛装，衣纹线条流畅，刀法娴熟。龛楣正中为坐佛，两侧雕跪姿供养天各四躯。楣尾为龙头。龛两侧雕方柱，柱头为束帛装饰。

39 第5窟 西壁第3层 第4龛
40 第5窟 西壁第3层 第4龛左侧 菩萨
盝形帷幕龛内雕坐佛，两侧各雕一供养菩萨。龛楣方格内雕飞天，上部雕供养天。龛外两侧各雕一胁侍菩萨，右者手持摩尼宝珠，左者合手捧于胸前。双目低垂，神态恬静。龛内供养菩萨表情活泼，探身侧视，与龛外菩萨遥相呼应，一动一静，顿使画面活跃异常。

41 第5窟 西壁上层北侧 佛龛群
画面上三个佛龛为两个圆拱龛，一个盝形帷幕龛。龛内造像一为交脚菩萨，一为坐佛，一为二佛并坐。形式与内容俱不相同。尤其是盝形帷幕龛，龛楣上侧均列五躯供养天，龛楣下侧帷幕几乎构成一圆拱，形式殊于其他同类佛龛。

42 第5窟 南壁
南壁上部开一较大的明窗，两侧各雕一方形佛塔和诸多大小不一的佛龛，下侧雕二层规整的佛龛。下部正中开拱门，两侧各浮雕一供养菩萨，其余壁面遍布佛龛。

43 第5窟 南壁下层西侧 佛龛
盝形帷幕龛正中雕交脚菩萨，两侧各一思惟菩萨坐于束帛座上。龛楣方格内饰以花卉，两侧供养人未经细琢。

44 第5窟 南壁 门拱西侧 供养菩萨
菩萨头戴宝冠，脚踏圆莲，左手持物于胸前，右手托博山炉而上举，身材修长，帔帛飘舞，造型生动而端庄。

45 第5窟 南壁中层 佛龛群
46 第5窟 南壁中层 佛龛
47 第5窟 南壁中层 佛龛
佛龛位于明窗与拱门之间，上下两列。上列为八个圆拱龛，龛楣内雕七坐佛。下列为八个盝形龛，龛楣方格内雕花

卉。龛内皆为坐佛,造型特征基本相同。

48　第5窟　南壁　明窗东侧　佛塔
49　第5窟　南壁　明窗西侧　佛塔
　　两佛塔皆由巨象承驮,塔基为须弥座,塔身为五层,每层雕屋檐,三面凿龛,两塔龛像略有不同。塔刹高耸,上雕相轮。

50　第5窟　南壁　明窗东壁
　　上层两列佛龛内雕坐佛、交脚菩萨和二佛并坐等佛像,佛像面相丰圆,斜披佛装,右肩半袒。中部开一小龛,内为二佛并坐。其余壁面满雕千佛。

51　第6窟　中心塔柱南面
　　第6窟平面为方形,中心凿方形塔柱。中心塔柱分上下两层,四方开龛。南面下层佛龛内雕一坐佛,上层佛龛内雕一立佛。

52　第6窟　中心塔柱北面
　　北面佛龛形制与南面相同。下层佛龛内雕二佛并坐,上层佛龛内雕立佛。

53　第6窟　中心塔柱及窟顶
　　高大的塔柱直通窟顶,占据窟内大部分空间。上下两层雕饰华丽,内容丰富,间不容隙。窟顶外围雕一周飞天,内设方格,雕三十三诸天仆乘。部分雕刻已风化剥落。

54　第6窟　中心塔柱南面下层　佛龛
55　第6窟　中心塔柱南面下层　佛龛侧面
56　第6窟　中心塔柱南面下层　佛龛左侧
　　佛龛由内外双重龛组合而成,内为圆拱龛,外为叠形帷幕龛。圆拱龛龛楣自上而下雕飞天、坐佛和伎乐天各一列,楣尾为朱雀。叠形帷幕龛设于屋顶之下,两侧雕千佛列柱。龛楣七个方格内各雕一飞天,彩带飘舞,身姿婀娜。其下方雕帷幕,八躯飞天翱游其间,体态与前者殊异。飞天之间,各雕一童子手牵璎珞。龛楣上方两侧各雕供养天四躯。佛龛两侧,上层雕佛传故事,下层雕供养菩萨、力士等。龛内正中雕一坐佛,身后饰舟形背光与火焰纹头光,两侧雕胁侍菩萨和供养天。设计精巧,雕刻细腻。后世曾予补塑并彩绘。

57　第6窟　中心塔柱西面下层　佛龛
58　第6窟　中心塔柱西面下层　佛龛右侧
59　第6窟　中心塔柱西面下层　佛龛左侧
　　西面下层佛龛形制与南面佛龛相同。主像为倚坐佛,两侧各雕胁侍菩萨和供养群像。佛像高肉髻,脸形丰圆适中,弯眉细目,神态安详。身着褒衣博带佛装,右襟甩向左臂,线条流畅。身后饰火焰纹头光与背光,内雕飞天与坐佛。

60　第6窟　中心塔柱西面下层　佛龛右侧
61　第6窟　中心塔柱西面下层　佛龛左侧
　　外龛左、右侧下层雕供养菩萨、夜叉、力士等,上层各雕两幅佛传故事。左侧两幅为太子诞生、狮子吼,右侧两幅为九龙灌顶、乘象归城。

62　第6窟　中心塔柱北面下层　佛龛
63　第6窟　中心塔柱北面下层　二佛并坐
　　北面下层佛龛形制与南面佛龛相同。龛内雕二佛并坐,着褒衣博带佛装,面相圆润,体态端庄。二佛之间雕供养弟子与飞天,飞天位于上侧,中心一较大者手托博山炉,两侧飞天飞舞环绕。二佛背光顶部外侧亦雕飞天与此相呼应。

64　第6窟　中心塔柱东面下层　佛龛侧面
65　第6窟　中心塔柱东面下层　交脚菩萨
　　东面下层佛龛形制与南面佛龛相同。龛内雕交脚菩萨,两侧下层雕弟子与胁侍菩萨,上层雕供养天。菩萨头戴宝冠,冠前正中雕坐佛,两侧雕飞天,装饰别致。

66　第6窟　中心塔柱东面下层　佛龛右侧
67　第6窟　中心塔柱东面下层　佛龛左侧
　　左、右两侧造像内容相对称,内龛下层为胁侍菩萨与弟子,上层为供养天群像;外龛下层为夜叉、供养菩萨及力士等,上层为四幅佛传故事。

68　第6窟　中心塔柱东面下层　佛龛右侧
69　第6窟　中心塔柱东面下层　佛龛左侧
　　龛外左、右两侧下层雕供养菩萨、夜叉、力士等,上层雕佛传故事各两幅。

70　第6窟　中心塔柱东面下层　佛龛左侧　供养菩萨局部
　　菩萨头戴花冠,身披帔帛,左手叉腰,右手托博山炉,健美恬静。

71　第6窟　中心塔柱东面下层　佛龛左侧　供养天
　　高发髻,菩萨装,长裙曳地,双手捧于胸前,长眉细目,嘴角翘起。造型优美,雕刻精细。

72　第6窟　中心塔柱南面下层　佛龛左侧　佛传故事
　　屋形建筑内,前立二人作弓身状,后一人梳高发髻,合掌拱手,十分虔敬。

73　第6窟　中心塔柱西面下层　佛龛左侧　腋下诞生
　　树下四人,中部摩耶夫人右手牵树,一婴儿自腋下降生,左手弯曲平举,被身旁者所搀扶。右侧跪一人双手持天缯欲接婴儿,左侧站立一人双手抱于胸前,一副欢喜关切的神态。是为太子诞生。

74　第6窟　中心塔柱西面下层　佛龛右侧　乘象归城
　　中部雕一人,双手托婴儿乘坐于象背之上,大象威武健壮,步履稳健。其后一人持伞盖,其前二伎乐弹奏,迎请太子归城。

75　第6窟　中心塔柱北面下层　佛龛左侧　仙人占相
　　屋形建筑之中,右侧二人跪请仙人为婴儿占相,左侧一长者半跏趺坐于束帛座上,高髻长髯,瘦骨裸露,正认真观察婴儿的天相。是为仙人占相。

76　第6窟　中心塔柱北面下层　佛龛右侧　太子回宫

中部雕巨象稳步徐行,上乘太子,天衣飘动,含笑前瞻,表现了太子回宫途中一路游观的喜悦心情。其后为二侍者,一持伞,一随行。其前二伎乐,一吹横笛,一弹琵琶。是为太子回宫。

77　第6窟　中心塔柱东面下层　佛龛左侧　佛传故事

屋形帷幕下,左侧二人同坐一方座之上,右侧一人相对而跪,神情虔敬。似表现父母教子的场面。

78　第6窟　中心塔柱东面下层　佛龛右侧　商人奉食

屋形建筑之中,右侧雕太子凝立,左侧上部雕一人,身背囊袋回首顾盼,下部雕一侏儒形象,双手合抱于胸前,似与太子交谈。中间雕诸多物品。是为商人奉食。

79　第6窟　中心塔柱西北角

参见图57~63、74~75。

80　第6窟　中心塔柱南面下层　龛楣　飞天(1)
81　第6窟　中心塔柱南面下层　龛楣　飞天(2)
82　第6窟　中心塔柱南面下层　龛楣　飞天(3)
83　第6窟　中心塔柱东面下层　龛楣　飞天(1)
84　第6窟　中心塔柱东面下层　龛楣　飞天(2)

飞天高发髻,体态削瘦,身材修长,上身着短衫,下身着长裙,身体自然弯曲,两手平展于腰部两侧。通过飘舞的彩带与飞扬的裙尾,给人以动的美感。

85　第6窟　中心塔柱南面下层　帷幕　飞天(1)
86　第6窟　中心塔柱南面下层　帷幕　飞天(2)
87　第6窟　中心塔柱东面下层　帷幕　飞天(1)
88　第6窟　中心塔柱东面下层　帷幕　飞天(2)
89　第6窟　中心塔柱东面下层　帷幕　飞天(3)

飞天或裸上身,或着短衫,臂绕彩带,下着短裙,饰以臂钏和脚钏。身材魁武,体魄健壮,双臂伸展如泳姿。

90　第6窟　中心塔柱南面上层　佛龛
91　第6窟　中心塔柱南面上层　佛龛侧面
92　第6窟　中心塔柱南面上层　立佛　局部
93　第6窟　中心塔柱东面上层　佛龛
94　第6窟　中心塔柱北面上层　佛龛
95　第6窟　中心塔柱西面上层　佛龛

中心塔柱上层四角各雕一座九层楼阁式塔柱,每层雕成屋形,四面开龛,内雕三坐佛。每层四角雕一小方柱,第一层四角覆钵式小塔,极富装饰性。塔柱雕于须弥座上,由巨象承驮。中心塔柱顶部雕为宝盖式,四面设格,内雕鸟兽,下垂三角纹帷幕。中心塔柱四面佛龛内各雕一立佛,胁侍菩萨侍立于四角塔柱内侧。立佛高肉髻,面相丰圆,双耳垂肩,长眉秀目,慈蔼可亲。佛装宽大合体,右襟甩于左臂,下摆向外舒展,潇洒流畅。通身饰以舟形背光。四周雕火焰纹,内雕坐佛与飞天,精美华丽。佛龛设计巧丽,雕琢精细,造型宏伟,气势辉煌。后世予以贴金彩绘。

96　第6窟　中心塔柱西面上层　佛龛　右侧胁侍菩萨

97　第6窟　中心塔柱西面上层　佛龛　左侧胁侍菩萨
98　第6窟　中心塔柱东面上层　佛龛　左侧胁侍菩萨
99　第6窟　中心塔柱东面上层　佛龛　右侧胁侍菩萨
100　第6窟　中心塔柱东面上层　佛龛　右侧胁侍菩萨局部

胁侍菩萨分立于方形塔柱内侧,长眉细目,容貌俊秀,头戴花冠,颈饰项圈,身着长裙,帔帛外扬,体态端庄。菩萨或双手下垂,或持物上举,或合抱于胸前,姿态各异,优美生动。

101　第6窟　中心塔柱南面上层　佛龛顶部东侧　飞天
102　第6窟　中心塔柱南面上层　佛龛顶部西侧　飞天

飞天高发髻,上着短衫,下穿长裙,一手托供物,一手后伸,左、右相向对称飞舞。其他三壁龛顶飞天均与此相同。

103　第6窟　中心塔柱及东壁南侧

中心塔柱高大挺拔,占据窟内主要空间。东壁下层为屋形龛,内雕供养人行列,现已风化剥落。其上侧为一组浮雕连环画式佛传故事,现残存部分画面。中层南侧为一盝形帷幕龛,内雕坐佛。上层为一立佛,头顶华盖,两侧雕胁侍菩萨和供养群像。其上侧雕坐佛、三角纹带和伎乐各一列与窟顶连接。

104　第6窟　东壁中层南侧　佛龛

佛龛为盝形帷幕龛,内雕一坐佛,高肉髻,双目微闭,面露笑容。身穿褒衣博带佛装,右襟甩于左臂,下摆垂于龛外。身后饰火焰纹背光与头光。龛下侧中央雕法轮,两侧各跪一鹿。龛楣方格内各雕一飞天,下侧饰三角纹垂幕。龛外两侧雕供养群像。此龛表现了鹿野苑说法的故事。

105　第6窟　东壁中层南侧　龛楣　飞天

飞天上着帔帛,下穿长裙,彩带飘舞,相向飞行,造型构图美观生动。

106　第6窟　东壁中层北侧　佛龛

圆拱龛内雕坐佛,左手持钵,右手平举,身后雕舟形背光。龛外雕持瓶汲水和背负净瓶的梵志数众,神态各异,表现了降伏火龙的场面。

107　第6窟　西壁中层中部　佛龛

圆拱龛内雕坐佛,龛外雕群魔,手持兵器,怒目圆睁,面目狰狞。坐佛右手平举,左手置腿上,神情泰然,表现了降魔成道的场面。

108　第6窟　西壁中层南侧　佛龛

盝形帷幕龛,内雕交脚菩萨,头戴高冠,短衫长裙,左侧跪一弟子,保存较好。龛外两侧各雕一胁侍菩萨,龛楣方格内雕飞天,下垂帷幕与三角纹带。

109　第6窟　西壁中层南侧　佛龛左侧　菩萨　局部

菩萨长眉细目,面相丰圆,双手持物捧于胸前。头戴花冠,身穿帔帛,神态庄重。

110　第6窟　南壁及东壁南侧

南壁正中上开明窗,下凿窟门,之间开屋形佛龛。东、西两侧形制与东壁相同。

111　第6窟　南壁中层中部　佛龛
112　第6窟　南壁中层中部　坐佛

佛龛为屋形,檐下垂三角纹帷幕。龛内中央为释迦佛,结跏趺坐于须弥座上,右侧为文殊菩萨,左侧为维摩居士。表现维摩与文殊以问疾为名辩论佛法的故事。佛龛两则各雕一方塔,下方正中雕博山炉,两侧雕供养人行列。

文殊头戴宝冠,衣短衫长裙,坐于床榻之上。头微侧,手上扬,似侃侃而谈。维摩头戴尖顶帽,身穿对领长衣,倚坐于床榻上。右手执麈尾上举,眯眼微笑,似在进行激烈的辩论。佛褒衣博带,右襟搭于左臂,衣摆下垂,身后饰火焰纹背光。高肉髻,螺旋发,双目微闭,正襟危坐,似静心倾听维摩与文殊论法。

113　第6窟　南壁中层中部　佛龛右侧　佛塔

南壁中部佛龛两侧各雕一佛塔,下雕须弥座,上雕蕉叶相轮,塔身为屋形,共五层,每层开龛,内雕坐佛、交脚菩萨、二佛并坐等。

114　第6窟　南壁中层西侧　佛龛侧面

佛龛为圆拱龛,内雕一佛二菩萨。龛外两侧雕供养菩萨与弟子。龛楣上、下边沿各雕飞天一列,中间雕一列坐佛,龛楣两侧雕供养天,楣尾雕二龙反顾。

115　第6窟　东壁上层南侧　佛龛

第6窟四壁上层共雕立佛十一尊,形象略同于中心塔柱上层立佛。此佛上侧雕华盖,身后雕舟形背光,两侧下部雕胁侍菩萨,分别持以宝珠与净瓶。上部雕供养群像相向而列,其中有菩萨、弟子,形象虽异,然皆笑容满面,供养虔敬。整个场面热烈而庄重。

116　第6窟　东壁上层南侧　佛龛左侧　胁侍菩萨

菩萨头戴花冠,身穿短衫长裙,左手持花蕾,右手提净瓶,相貌姣好,体态匀称。

117　第6窟　东壁上层中部　佛龛左侧　胁侍菩萨
118　第6窟　东壁上层中部　佛龛左侧　供养群像
119　第6窟　东壁上层中部　佛龛左侧　胁侍菩萨　局部

菩萨头戴花冠,身穿长裙,双手拱握于胸前。面相丰润,长眉细目,嘴角上翘,温雅而端庄。菩萨上侧雕供养群像,或吹横笛,或吹排箫,或弹琵琶,或合十礼敬,神形各异,供养虔诚。

120　第6窟　东壁上层中部　佛龛右侧　弟子　局部

弟子头略前倾,眉清目秀,嘴角上翘,笑容可掬。双手拱握,衣领外翻,给人以动感。

121　第6窟　东壁上层中部　佛龛左侧　弟子

弟子斜披僧衣,右手持供物举于胸前,左手置于胯间,眉宇间露出活泼慈善的情感。

122　第6窟　东壁上层北侧　佛龛左侧　供养群像

供养天皆高发髻,饰圆头光,身着短衫长裙,表情欢快,持物供养,构成热烈活泼的场面。

123　第6窟　西壁上层南侧　佛龛
参见图115。

124　第6窟　西壁上层南侧　佛龛左侧　胁侍菩萨
参见图116。

125　第6窟　西壁上层中部　佛龛左侧　供养群像
参见图122。

126　第6窟　西壁上层中部　立佛　局部

面相丰圆,双耳垂肩,高肉髻,螺旋发,长眉细目,容貌端正,雕刻细腻。

127　第6窟　西壁上层中部　佛龛左侧　弟子　局部
参见图121。

128　第6窟　南壁　明窗西壁　佛龛
129　第6窟　南壁　明窗东壁　佛龛

明窗东、西两壁各雕一盝形帷幕龛,内雕思惟菩萨形象,头戴花冠,胸佩璎珞,半跏趺坐,身后雕山岳及供养菩萨。龛楣方格内雕飞天,下垂帷幕。西壁菩萨脚前雕一马,跪吻菩萨右足。两龛表现白马离别的情景。

130　第6窟　南壁上层西侧　佛龛
131　第6窟　南壁上层西侧　佛龛右侧　供养群像
参见图115。

132　第6窟　南壁上层西侧　佛龛右侧　胁侍菩萨　局部

头戴花冠,面相丰圆,饰火焰纹头光。右手持物垂于身侧,左手持物举于胸前。身着短衫长裙,衣袖外张,彩带自肩上垂下交叉于胸前,造型自然美观。

133　第6窟　北壁上层中部　立佛　局部

北壁上层立佛与其他三壁上层立佛造型、装饰基本相同,然风化严重,唯此像头部保存较好。

134　第6窟　东壁下层　太子竞射

太子年十岁时,聪明智慧,无人品敌,其从弟提婆达多与难陀,欲与太子较其勇健。即往后园,师授一小弓予太子,太子谓此弓力弱,即而执七弓共发一箭,射穿七铁鼓。数日后,太子三人再较射艺,列金、银、铜、铁、石鼓各七枚以试其勇力,提婆达多、难陀各徹三枚金鼓。及太子,一箭而徹诸鼓,然后入地,泉水涌出,天下莫不叹服。

右侧主要部位雕三人,高发髻,圆头光,身略前倾,引弓力射。左侧雕三鼓,其下一兽,人立而行。上部雕二飞天,短衫长裙,相向飞舞,表现了太子竞射时的热烈场面。

135　第6窟　东壁下层　宫中欢乐

太子年十七岁,意欲出家。其父忧虑,遂急婚娉以悦其意，并于宫中更增妓女以娱乐之。太子犹不接近。

右上侧雕一屋，鸱尾、瓦垄、斗拱、叉手、立柱皆雕刻精细，内雕一人坐床榻之上。左侧雕二人相拥，下侧雕二人戏耍，其旁又二人观望，描绘了宫中嬉戏的情景。

136　第6窟　东壁下层　父王与太子

太子久居宫中，一日，闻妓女歌咏园林，花果茂盛，流泉清凉。遂向其父请出游观。

上侧雕盝顶帷幕形，内中一人，高宝冠，对领长衣，腰间束带，彩带飞扬，半跏而坐。其左一人，高发髻，圆头光，双手前拱，相对而跪。右侧亦雕一人，饰圆形头光。余处皆风化剥落。画面表现了父子面谈的情景。

137　第6窟　东壁下层　出游四门

太子辞宫而去，前导后从，出城东门。国人闻太子出，男女盈路，观者如云。时，净居天化作老人，头白背伛，拄杖羸步，形变色衰，气力虚微，余命无几。太子从本以来，不乐处世，闻其故，益生苦恼，即返车还宫，愁思不乐。

右侧雕出城门形象，中部为太子，短衫长裙，彩带飘舞，坐于鞍轿之上，后一侍者手持伞盖，前一飞天曲身飞舞。左侧雕一老者，策杖而立，躬身应答。是为太子出东门。

138　第6窟　东壁下层　出游四门

少时，太子复求出观游，王爱太子，不能违异，遂复许之。命诸臣整治园观，所经道路，皆使华丽。于是，百官导从，出城南门。时，净居天化作病人，身瘦腹大，喘息呻吟，骨消肉竭，颜貌痿黄，两人扶腋，在于路旁。太子以慈悲之心看彼病人，自生愁忧，无意游观，即便返车还入王宫。

中部雕像几与图版137同。左侧雕一病者，逆发，双手各持一杖，侧身坐于束帛座上仰视太子。表现了太子出南门时的情景。

139　第6窟　东壁下层　出游四门

太子启王出游，王令诸臣修治道路园林台观，皆使严整，数倍于前。并令太子之友优陀夷随太子出城西门。净居天化为死人，室家大小，号哭相送。太子见状，遂令返城，而御者恐王瞋责，不敢中道而返，即复前行至彼园中。众妓各竞歌舞，冀以姿态，悦动其意，太子心安，不可移转。至回宫中，太子恻怆倍常。

中部雕像与图版137略同。左侧上部雕二人，后者左手上扬，前者肩扛长幡，表情哀恸。下部雕刻风化剥落，似为数众抬一逝者。表现太子出西门的情节。

140　第6窟　南壁下层　逾城出家

是时，太子复求出游。国王爱重太子，不忍违之，即命庄严园林。又令太子乘马，使得见人民光丽庄饰，前导后从，出城北门至彼园中，太子下马，除去卫侍，端坐思惟。时，净居天化作比丘，手执锡杖，在太子前广说出家功德。后现神通力，腾空而去。太子大喜，决定修学是道。于是索马归城。是年，太子十九岁，正是出家之时。一日，忽身放光明，照四天王宫，天王遂至太子所。诸天以其神力令卫侍官属皆悉昏眠，捧马四足，随太子至城北门，城门自开无声。于是太子从门而出，腾空远去。

右下侧雕城门，左侧雕太子乘于马背之上，其下雕四人

各捧马足，作飞跃状。身后雕一飞天持伞盖随从。画面上人物占据了大部分空间，与下侧城门形成鲜明的对照，表现了太子逾城出家，腾空而去的情景。

141　第7窟　后室　西壁

第7窟平面为长方形，分前后室。前室东、西两壁雕佛本生或佛传故事与千佛，均已残毁。后室北壁凿上、下两层大龛，上龛中央为交脚菩萨，两侧为倚坐佛，再其侧为思惟菩萨。下龛为二佛并坐。东、西、南三壁下部雕供养人行列，中部为四层佛龛，上部雕三角纹带与坐佛列龛。南壁上开明窗，下凿窟门，窟顶雕平棊。

142　第7窟　后室　北壁上层　龛楣　局部

龛为盝形帷幕龛，龛楣方格内各雕一飞天，其上侧雕伎乐列龛，其下侧雕帷幕，间以兽头与飞天。帷幕下角雕童子托卷帷幕。

143　第7窟　后室　北壁上层　佛龛右侧　狮子

狮子雄居于交脚菩萨右侧，形象威武生动，雕刻工巧细腻。

144　第7窟　后室　上层东南角
145　第7窟　后室　上层西南角

东、西壁上层南侧各雕一圆拱佛龛，南壁上层东、西两侧各雕一盝形帷幕龛，其上分别雕连花纹带、千佛列龛、三角纹带与窟顶连接。

146　第7窟　后室　东壁第5层南侧　佛龛

圆拱龛内雕一坐佛，龛顶雕二飞天共举一宝珠，两侧雕供养天各三层。龛楣内雕供养天十二躯，楣尾为龙形。

147　第7窟　后室　西壁第5层南侧　佛龛

佛龛形制与图146同，唯龛楣内雕坐佛十三躯。

148　第7窟　后室　西壁第4层　佛龛

西壁第4层并列雕两个盝形帷幕龛，龛楣方格内雕飞天，下垂帷幕。佛龛两侧及佛龛之间各雕四层塔柱一座，每层雕二佛并坐。佛塔由地神托举，塔顶雕蕉叶。南侧龛内雕一佛二菩萨，须弥座两侧各雕一龙头。北侧龛内雕交脚佛，方座两侧各雕一狮，胁侍菩萨各提净瓶相对站立。造像题材较为新颖。

149　第7窟　后室　南壁第5层东侧　佛龛
150　第7窟　后室　南壁第5层西侧　佛龛

佛龛为盝形帷幕龛，内雕交脚菩萨坐于须弥座上。菩萨头戴高宝冠，身着长裙，臂绕彩带，体态匀称丰满。两侧雕供养天与飞天。龛楣方格内雕飞天。

151　第7窟　后室　南壁　明窗东壁　供养菩萨
152　第7窟　后室　南壁　明窗西壁　供养菩萨

明窗东、西两壁造像内容互相对称，北侧各雕一供养菩萨，头戴高冠，身披络腋，下着长裙，站于束帛座上。南侧下部雕山岳，上部雕菩提树和两禅僧。禅僧神情恬静，菩提树交绕于拱顶。

153 第7窟 后室 南壁 拱门上侧 供养天
154 第7窟 后室 南壁 拱门上侧 供养天 局部
155 第7窟 后室 南壁 拱门上侧 供养天
156 第7窟 后室 南壁 拱门上侧 供养天 局部
157 第7窟 后室 南壁 拱门上侧 供养天

第7窟南壁明窗与拱门之间雕饰华丽,设计精巧,上下沿分别雕莲花纹带与忍冬纹带。下侧中部雕一摩尼宝珠,两侧伎乐六躯,分别持以海螺、横笛、排箫、竖笛等演奏飞舞。上侧帷幕龛内雕六供养天,胡跪而对,虔诚供养。供养天头束高髻,身披络腋,颈饰项圈,臂佩镯钏,彩带翻飞,长裙曳地,眉清目秀,面相姣好,体态丰盈,线条优美,是云冈石窟雕刻艺术中的精品。

158 第7窟 后室 南壁 拱门上侧 伎乐天(1)
159 第7窟 后室 南壁 拱门上侧 伎乐天(2)
160 第7窟 后室 南壁 拱门上侧 伎乐天(3)
161 第7窟 后室 南壁 拱门上侧 伎乐天(4)

伎乐天圆脸长耳,身披彩带,下着长裙,上身裸露,体态雄健。手持横笛、排箫等乐器翱翔于穹宇。

162 第7窟 后室 窟顶 平棊藻井

窟顶为平棊藻井式,分为六格,每格中心雕一莲花,四周雕以飞天环绕。枋交叉处雕莲花,枋上飞天相聚飞舞。设计巧丽,雕刻精细,保存完好。

163 第7窟 后室 窟顶西部南侧
164 第7窟 后室 窟顶中部南侧
165 第7窟 后室 窟顶东部南侧
166 第7窟 后室 窟顶西部南侧 飞天

东部、西部南侧藻井内中央雕团莲,四周各雕六体飞天,中部南侧藻井中央雕团莲,四周雕八体飞天。飞天头束高髻,身着长裙,彩带飘扬,体态婀娜。或共托莲蕾,或同举宝珠,或叉腰,或拱手,动作协调潇洒,自由翱翔于天际。

167 第7窟 后室 窟顶西部中部 飞天
168 第7窟 后室 窟顶中部 飞天(1)
169 第7窟 后室 窟顶中部 飞天(2)
170 第7窟 后室 窟顶中部南侧 飞天(3)
171 第7窟 后室 窟顶中部南侧 飞天(4)
172 第7窟 后室 窟顶中部南侧 飞天(5)
173 第7窟 后室 窟顶东部北侧 飞天

飞天神情欢快,姿态妩媚,自在潇洒,顿使窟室生气盎然。

174 第8窟 后室 东壁及北壁

第8窟与第7窟为一组双窟,平面为长方形,分前后室,形制布局大致相同。北壁凿两层佛龛,上龛为盝形帷幕龛,中部雕倚坐佛,两侧依次雕交脚菩萨和思惟菩萨。下龛中部雕坐佛,龛像风化严重。东壁第一层雕供养行列,第二层至第五层各雕二龛,上部雕坐佛列像与窟顶相连。窟顶为平棊藻井,内雕飞天。

175 第8窟 后室 东壁及南壁

南壁中部上开明窗,下凿拱门,之间雕长形帷幕龛,内雕六体供养天。东部与西部各雕四层佛龛,形制与东、西壁相同。

176 第8窟 后室 南壁 拱门上侧 供养天
177 第8窟 后室 南壁 拱门上侧 供养天
178 第8窟 后室 南壁 拱门上侧 供养天 局部
179 第8窟 后室 南壁 拱门上侧 供养天
180 第8窟 后室 南壁 拱门上侧 供养天 局部
181 第8窟 后室 南壁 拱门上侧 供养天

拱门上侧长形帷幕龛内雕六躯供养天,发髻高耸,面相丰圆,长眉细目,笑意可掬。两侧供养天呈胡跪姿势,其余四躯侧身半跏趺坐。供养天斜披络腋,长裙跣足,或双手合十,或手持花蕾,姿态优美,雕刻细腻。

182 第8窟 后室 南壁 拱门上侧 伎乐天

伎乐天头梳童子发,上身裸露,下着长裙,体魄健壮,手持横笛演奏飞舞。

183 第8窟 后室 南壁 拱门东壁 摩醯首罗天

东壁下层雕一力士,上层雕摩醯首罗天,三头八臂,手持日、月及法器,半跏趺坐于牛背之上。上部雕一飞天,衣纹飘带采用阴线雕刻,朴拙典雅。

184 第8窟 后室 南壁 拱门西壁 鸠摩罗天
185 第8窟 后室 南壁 拱门西壁 飞天

西壁与东壁对称,下层雕一力士,上层雕护法神与飞天。鸠摩罗天五头六臂,长发披肩,手持日、月、飞鸟及法器,骑乘于孔雀背上。上部飞天以阴线雕饰衣纹和彩带,姿态自然优美。

186 第8窟 后室 南壁 明窗西壁 供养菩萨

明窗东、西壁北侧各雕一供养菩萨,斜披络腋,身着长裙,彩带绕臂翻飞,体态丰盈健美,长眉细目,启齿微笑,双手合十,跣足站立于束帛座上,雕刻精细,线条流畅。

187 第8窟 后室 窟顶东部
188 第8窟 后室 窟顶中部
189 第8窟 后室 窟顶东部 飞天
190 第8窟 后室 窟顶中部 飞天(1)
191 第8窟 后室 窟顶中部 飞天(2)

第8窟窟顶平棊藻井形制与第7窟相同。藻井中心雕团莲,四周雕飞天绕莲飞舞,飞天头束高髻,斜披络腋,身着长裙,体形健美,姿态各异,彩带自两臂绕于身后随风飘舞,与弯曲的躯体构成优美的造型。

云冈石窟内容总录

（一）

员 海 瑞

凡　例

一　《云冈石窟内容总录》按山西云冈石窟文物保管所现行洞窟编号进行调查编写,项目包括(1)时代,(2)形制,(3)内容。

二　云冈石窟开凿于中国北魏时期,除后世补刻的龛像以外,记录时不再一一注明,只按各窟形制、造像、纹饰等特征注明云冈早、中、晚三个时期。

三　洞窟形制以其平面为准,按洞窟布局又分为单室窟、前后室窟、塔庙窟。

四　内容记录,单室窟以拱门、明窗、四壁、窟顶为序,前后室窟按上述顺序分别记录前室、后室内容,塔庙窟以拱门、明窗、塔柱、四壁、窟顶为序。窟外前立壁残留内容及后世增设的建筑遗存亦予列入。

五　云冈石窟绝大部分洞窟坐北朝南,记录时不再逐一说明。方向不同者,只在"形制"一项中注明。

六　洞窟内原有雕刻风化严重者记录从略,同一窟内龛像布局相似者,只详记其一两个龛像的内容,其余注明"与某壁某龛略同"。

七　云冈石窟各期的造像风格与特点,《总录》中不作描述。

第1窟

(1) 云冈中期。

(2) 塔庙窟,平面为方形,东西长7.15米,进深9.45米,窟高5.75米。一门一窗,窟中央雕方形塔柱。

(3) 拱门与明窗

拱门高2.65米,宽2.2米,壁残厚0.75米。两壁雕刻均已风化,顶部二龙残存。明窗崩塌严重,1963年予以修复。

中心塔柱

塔柱由塔座、塔身、塔顶组成,通高5.75米(现地面经整修加高,已非原始尺寸)。

塔座北壁中央雕博山炉,两侧雕供养人,其余三壁雕刻均见风化。

塔身分两层,下层上雕屋顶,屋面雕瓦垄、檐椽,檐下雕兽头拱和四臂天人。屋顶崩塌严重,1963年予以修复。塔身下层四壁各开一圆拱龛,内为坐佛。龛外两侧下部雕供养天二躯,上部雕供养群像。龛楣内下部雕坐佛七躯,上部雕供养天十躯,中央雕博山炉。塔身上层雕宝龛,宝龛四周雕以花饰,除北壁部分为原状外,均为1963年修葺补刻。上层四壁各开一盝形帷幕龛,南、北二龛内雕一佛二菩萨。龛楣八格内雕花饰,上部两侧各雕供养人四躯。西、东两龛内雕交脚菩萨,西龛两侧雕胁侍菩萨二躯,供养天四躯。东龛现存胁侍菩萨一躯,弟子一躯,供养天四躯。

塔顶雕须弥山与窟顶相连,山体绕以交龙。

北壁

北壁为一盝形帷幕龛,内雕交脚菩萨坐于狮子座上,高3.15米。两稍间内各雕一思惟菩萨,高2.3米,其两侧各雕供养天一躯,飞天一躯。龛楣方格内各雕飞天一躯,龛楣下悬帷幕。龛像风化严重。

西壁

下层雕刻风化严重。中层并列四龛,高1.5米。南起第一龛为盝形帷幕龛,内雕坐佛,第二龛为圆拱龛,内为坐佛,第三龛为　形帷幕龛,内为交脚菩萨,第四龛为圆拱龛,内为坐佛。四龛之间各雕五重塔一座。塔下部及龛内雕像均风化严重。四龛上部雕千佛列龛、三角纹帷幕和伎乐列龛。均有不同程度的风化。

东壁

布局与西壁略同。下层风化严重。北部佛龛下侧残存浮雕佛本生故事两幅,长1.2米,高0.65米。中层并列四龛,南起第一龛为盝形帷幕龛,内雕坐佛已风化无存,经后世补塑。第二龛为圆拱龛,内雕二佛并坐经后世补塑。第三龛为盝形帷幕龛,内雕交脚菩萨。第四龛为圆拱龛,内雕坐佛。四龛之间雕五重塔。塔下部与龛像风化严重。四龛上部南侧千佛列龛保存较好,三角纹帷幕及伎乐列龛风化无存。

南壁

东侧中层为屋形帷幕龛,内雕维摩、文殊像。上层现存千佛列龛五个,伎乐列龛四个,之间三角纹帷幕保存较好。西侧布局与东侧略同,中层屋形龛内雕半跏坐佛和半跏坐于束帛座上的梵志,菩萨及供养人等雕像均风化。

窟顶

围绕塔顶雕飞天一匝,南侧并列雕团莲三朵,直径1.40米。塔顶、窟顶与四壁顶部三角纹帷幕构成一宝盖造型。

附记

此窟俗称"石鼓洞",以石击地其声如鼓故名。

第2窟

(1) 云冈中期。

(2) 塔庙窟,平面为方形,东西长7.55米,进深10.8米,窟高6.20米。一门一窗,窟中央雕方形塔柱。

(3) 拱门与明窗

原拱门、明窗均已崩毁,只残存西段。1963年予以修复,拱门西壁残存一龙的下体,其余均无存。

中心塔柱

塔柱分为塔座、塔身和顶盖三部分。通高6.20米(现地面经整修加高,已非原始尺寸)。

塔座为方形,原有雕刻风化无存。1963年按原轮廓加固。

塔身以屋檐分为三层,下层四壁各开三龛,南壁中间圆拱龛内雕二佛并坐,左、右两侧龛像已残。西、北、东三壁龛内均雕一佛二菩萨,龛楣均残。中层和上层屋檐仿木结构回廊形式,四角各立八棱柱(中层角柱毁)。中层四壁各开三龛,中间为圆拱龛,两侧为盝形帷幕龛。南壁中间龛内雕一佛二菩萨,龛楣内雕七佛,龛楣上侧雕供养天四躯。两侧龛内各雕一倚坐佛(东侧龛残),龛楣上侧各雕供养天四躯。西壁中间龛内雕交脚菩萨和胁侍菩萨,两侧龛内各雕一思惟菩萨。龛楣雕饰与南壁龛略同。北壁三龛均风化不清。东壁三龛主像均毁,龛楣内、外残存供养天共二十躯。上层每壁三龛,中龛为盝形帷幕龛,外两龛为圆拱龛。南壁中龛主佛为交脚菩萨坐于狮子座上,两侧各雕一胁侍菩萨和一供养天。外两龛各雕一佛二菩萨,楣内七佛,楣上供养天二躯。西壁三龛内各雕坐佛。中龛胁侍菩萨二躯,供养菩萨二躯。外两龛胁侍菩萨各二躯。北壁中龛主佛为交脚菩萨,胁侍菩萨二躯,供养菩萨二躯。外两龛均为一佛二菩萨。东壁三龛均为一佛二菩萨。顶盖雕宝盖和绕以交龙的须弥山与窟顶相连,现大部已风化崩毁。

北壁

上部列龛风化不辨。盝形帷幕龛中间雕坐佛,高3.80米,头光中莲花、火焰纹部分可辨,身光中残存二飞天,身光外残存十四供养天。两稍间各雕一菩萨,已残。龛楣雕刻已风化。

西壁

上部伎乐列龛和三角纹帷幕已风化,千佛列龛南侧五个较为完整。中部并列四龛,南起第一、第三龛为圆拱龛。第一龛内二佛并坐(原雕风化,后世补塑),龛楣内坐佛一,供养天八。第三龛内为坐佛,已风化。第二、第四龛为盝形帷幕龛,第二龛主像为交脚菩萨,第四龛为交脚佛,已风化漫漶。四龛之间所雕佛塔下部均风化。

东壁

伎乐列龛残存十二个,所持乐器有竽篥、排箫、琵琶、琴等。千佛列龛残存十七个,佛头多被盗或风化。中部四龛,南起第一、第三龛为盝形帷幕龛,第一龛内雕一佛二菩萨,佛头和一菩萨头被盗。龛楣六格内飞天各一,龛楣上侧供养天四躯。第三龛内雕交脚佛,龛楣已风化。第二、第四龛为圆拱龛。第二龛内雕倚坐佛,头被盗,下身风化,龛楣中央雕坐佛,两侧雕供养天六躯。第四龛风化严重,后世补修。四龛之间各雕五层塔一座,塔为重楼形式。南起第一塔基本完整,下面三层均雕二坐佛,第四层为一倚坐佛二菩萨,第五层为一交脚菩萨二胁侍菩萨。塔顶为须弥座,其上雕蕉叶覆钵,前出化生童子。覆钵上立刹杆,雕相轮五重,再上雕宝珠,两侧各悬长幡。第二塔现存上部两层,屋角悬流苏。第三塔存上部一层。塔刹与塔内雕像均与第一塔同。第四龛下部残存浮雕佛传故事一幅,已见风化。

南壁

西侧顶部伎乐列龛六个,已见风化。千佛列龛五个,四佛头被盗,一佛头风化。中部为一屋形帷幕龛,龛内主像已残,两侧胁侍菩萨一头被盗,一风化,六供养天三头被盗,余皆风化。龛外两侧各立一菩萨,东侧一躯头被盗,西侧一躯风化,龛上部残存二飞天。东部壁面崩毁。

附记

此窟北壁西端有山泉,其水经窟内流出,故俗称"寒泉洞"。1963年加固工程中将窟内水位下降,现水由窟底水道排出。

第3窟

(1) 云冈中期。

(2) 前、后室窟,平面为长方形。后室内存造像三躯,为后世雕凿

(3) **前室**

前室为二层,下层东西长50米,分隔成两组,均为一门二窗。东端一组顶板、窟门均崩塌,1986年按原存遗迹予以修复。西端一门二窗均存,门高5米,宽3米,窗高1.85米,宽2.23米,窟内东西长42.5米,进深5.8米,两组东西均向北开一耳洞,宽2米,进深4米。前室无雕像。上层长50米,宽7.5米。中央突出一长方形洞窟,俗称"弥勒洞",洞窟东西长5.5米,高3.9米。拱门西壁上层雕一立佛,下层雕一坐佛,一弟子。拱门东壁雕刻不存。窟内北壁雕盝形帷幕龛,内为交脚菩萨,高3.5米,座前蹲二狮,两侧各一弟子。龛两侧菩萨均见风化。西壁上部雕千佛,下部雕圆拱龛,内为坐佛,风化严重。东壁、南壁均雕千佛,窟顶雕平棊,分为八格,均已风化。

塔柱

前室上层东西两侧各凿一座三层方形塔柱,高5.3米,西侧塔北壁第二层为仿木结构屋檐,下开盝形龛。西壁第一层为盝形龛,中央雕交脚菩萨,其余蚀剥殆尽。东塔塔北壁风化无存。西壁第三层并列三龛,中为盝形龛,内雕交脚菩萨。第二层为圆拱龛,内二佛并坐。南壁第三层并列三龛,中为圆拱龛,内二佛并坐。两侧盝形龛内,一为交脚菩萨,一为坐佛,外两侧均立一菩萨。第一层并列三圆拱龛,中为二佛并坐,其余为坐佛。东壁第三层盝形龛,两侧各一圆拱龛,内雕坐佛。第二层为圆拱龛,内雕二佛并坐。第一层为圆拱龛,内雕坐佛。

后室

后室平面呈"凹"形,东西长43米,西端向北延伸15米,东端向北伸延16米,均宽6米。与拱门相对处存造像三躯。中为倚坐佛,高10米,两侧各立一菩萨,高5.7米。

第4窟

(1) 云冈晚期。

(2) 塔庙窟,平面方形,一门二窗。整体工程未完。

(3) **拱门与明窗**

拱门高2.1米,宽1.8米,其上方左右各一明窗,高1.5米,宽1.15米。拱门地面低于窟内1.4米。

中心塔柱

塔柱为长方形,东、西长3.3米,南、北宽1.9米。南、北两

壁各并列两组雕像,为一立佛二菩萨,佛高2.5米,菩萨高1.25米。东、西两壁各雕一立佛二菩萨,头皆被盗。塔柱雕刻均为高浮雕。

北壁

风化严重,不见雕刻。

西壁

布局较乱,北侧一龛为一佛二菩萨,其余部分散雕小龛及千佛,多为一佛二菩萨。

东壁

北侧开一大龛,南侧开一小龛,均未完工。

南壁

雕刻零散,均为小龛,风化较重。

窟顶

雕刻风化严重,东部一团莲、一飞天依稀可辨。

第5窟

(1) 云冈中期。

(2) 单室窟,平面为椭圆形,穹窿顶。窟前有清顺治八年(公元1651年)重修木结构四层楼阁一座,面阔9.10米,进深5.20米,三面围廊,第四层围廊与第6窟有栈道相连。

(3) **拱门与明窗**

明窗壁宽3.63米。西壁分三层,上层并列四圆拱龛,龛内均为坐佛,中层三角纹带下满壁千佛,中央处开一圆拱龛,内二佛并坐,龛柱两侧各雕一胁侍菩萨,梢尾龙首反顾。底层中央雕博山炉,两侧雕俗装供养人各八躯。明窗东壁分四层,上两层为六个小龛,内分别雕坐佛、二佛并坐和交脚菩萨。中层满壁雕千佛,正中开龛,内雕二佛并坐。底层凿七龛,内雕坐佛。明窗顶部已残,雕像无存。拱门壁宽4.20米,分上下两层。下层各雕一力士,上层中部雕菩提树,两侧各雕一坐佛。拱门顶部浮雕飞天四躯(均残),五朵团莲点缀其间,莲心均出化生童子。

北壁

正中坐佛通高17米,火焰纹背光直通窟顶。坐佛之后凿有礼拜隧道。

西壁

下层雕立佛一躯,高7.9米,其北侧雕一菩萨,高4.10米。西壁顶部三角纹带下分五层。西壁下层南侧风化甚重。北侧立佛背光周围满壁千佛,存六十三龛。第二层开四龛,分三层,上层为盝形帷幕龛,内雕交脚菩萨,两侧各雕二弟子。中层为圆拱龛,内雕二佛并坐。下层为二小龛,内雕二佛并坐,均已风化。第三层并列四龛。南起第一为圆拱龛,龛内雕一佛二菩萨。第二为盝形帷幕龛,龛内雕交脚菩萨,两侧各一弟子,龛外两侧各立一菩萨。第三为圆拱龛,龛内雕二佛并坐。第四为盝形龛,内为一佛二菩萨,龛柱左右各雕一胁侍菩萨。第四层覆莲带下并列四圆拱龛。龛内造像南起,第一为一佛二菩萨;第二为二佛并坐,第三同第一龛,第四为交脚佛。第五层并列五龛。南起第一为盝形帷幕龛,龛内雕交脚菩萨,左右二胁侍菩萨;第二为圆拱龛,内雕一佛二菩萨;第三为盝形帷幕龛,内雕二佛并坐;第四龛同第二龛;第五龛同第三龛。第五层之上,并列坐佛十六躯。

东壁

圆雕立佛和胁侍菩萨与西壁对称,后世曾补泥彩绘。三角纹带下分为五层,风化严重,多经后世补泥绘彩。

南壁

三角纹带下分为五层。

第一层，拱门两侧上部各雕一胁侍菩萨。东侧菩萨东部开一圆拱龛，内雕一佛二菩萨，龛外雕二弟子，西侧菩萨西部开盝形帷幕龛和圆拱龛各一，盝形龛内雕一交脚菩萨，二思惟菩萨；圆拱龛内雕一坐佛。拱门两侧下部各雕一护法神（下躯已残）。东部现残存五龛，造像为二佛并坐或坐佛，经后世补塑。西部现残存三人龛及后世补刻的小龛，造像均已风化。第二层，明窗与拱门之间列龛两排，上排为八个圆拱龛，下排为八个盝形帷幕龛，龛内均为坐佛。圆拱列龛两端各雕一人象驮方形佛塔，塔身五层。盝形帷幕列龛东侧凿小龛七个，西侧须弥台上凿小龛三个，造像均为一佛二菩萨。第三层，明窗东部现存较大圆拱龛二，内雕一佛二菩萨。西部现存较大圆拱龛二，造像内容同东部。第四层，明窗两侧各一盝形帷幕龛，内雕交脚菩萨，两侧各一胁侍菩萨。第五层，明窗两侧各雕一圆拱龛，内为一佛二菩萨。

礼拜隧道

隧道宽2.80米，高2.85米，总长17米。隧道之西、北、东三壁，上部雕连续的飞天格；下部雕供养人列像。南壁仅见供养列像。顶部风化较甚，东端模糊可辨团莲、飞天及龙形。

顶部

窟顶崩塌，雕刻无存。

第6窟

(1) 云冈中期。

(2) 塔庙窟，平面为方形，长13.8米，宽13.4米，高14.4米。窟前有清顺治八年（公元1651年）重修木结构楼阁一座，面阔9.55米，进深7.8米。第四层回廊与比邻两窟窟前建筑相通。

(3) **拱门与明窗**

明窗壁宽2.5米，东、西两壁各开一盝形帷幕龛，高4.6米。西壁龛内雕一思惟菩萨，左手残。前方一马曲腿而跪（头已失），菩萨两侧雕供养人八躯。东壁龛内除无马外，皆与西壁龛同。两龛以上至顶部雕刻崩塌严重。拱门壁宽0.65米，两侧及顶部后世贴板，门额雕莲花门簪五朵，间饰缠枝忍冬纹，中出化生童子。门两侧饰以缠枝忍冬纹，内雕龙凤纹。

塔柱

位于窟内中央，由基座、塔身两部分组成。高14.4米，长7.9米，宽7.3米。基座高1.2米，原有雕刻已风化。塔身分上、下两层，下层四壁各开一龛，四角各雕一千佛方柱。下层南龛为盝形帷幕与圆拱重龛，内雕坐佛（经后世贴金彩绘），两侧下方雕弟子、胁侍菩萨、力士、供养菩萨和夜叉等形象，上方雕供养天群像。楣尾双凤回首，楣内坐佛十三躯，拱沿飞天十躯。外层盝形帷幕龛龛楣七格内各雕一飞天，楣上侧雕化生童子十躯、供养天八躯，楣下垂帷幕，雕飞天八躯，间以手牵璎珞的化生童子。其两侧下方各雕二幅佛传故事。北龛内雕二佛并坐，东龛内雕交脚菩萨，西龛内雕倚坐佛。龛的形制和两侧雕饰与南龛略同。塔柱上层四角各凿一楼阁式塔柱，下为须弥座，由大象承驮，塔身九重，每重四面各开三龛，内雕坐佛。塔柱四壁各雕一立佛、二胁侍菩萨。佛高4.5米至4.74米不等，胁侍菩萨高约2.1米，背贴塔身。塔顶为华盖式，每面分为十个方格，内雕鸟、兽纹。其下垂三角纹帷幕。

北壁

北壁共分三层，风化严重。第一层覆莲带下雕一盝形帷

幕龛，正中雕坐佛，高6.1米，两侧各雕一胁侍菩萨，高5.6米。龛前凿八棱列柱二根，上雕千佛列龛，下部风化严重。龛楣由二龙组成十个方格，内各雕一飞天，龛楣下沿雕三角纹带、帷幕及璎珞。龛下侧雕刻风化无存。第二层列三龛，风化严重，形制与西壁第四层略同。现存西龛一佛二菩萨，中龛一佛二菩萨，东龛一佛。第三层形制与西壁第五层略同，现存伎乐列龛十二个，化生童子八躯，坐佛十三躯。

西壁

西壁共分五层，第一层、第二层雕刻风化严重。1974年予以加固维修。第三层覆莲带下雕三组佛龛。南龛为盝形帷幕龛，内雕交脚菩萨，其北侧雕一跪踞弟子，南侧雕一蓄发供养者。龛外两侧各雕一胁侍菩萨。龛楣方格内各雕一飞天，楣下沿雕三角纹带、帷幕和璎珞。龛上侧并列七个圆拱龛，内雕坐佛，龛间各雕一童子。中龛为圆拱龛，龛内雕一坐佛。龛南侧现存供养菩萨五躯，龛北侧雕刻风化无存。龛两侧上部现存魔道十七躯，可知此龛题材为"降魔成道"。龛楣上侧并列六个圆拱龛，内雕坐佛。北龛为盝形帷幕龛，风化严重。龛内雕交脚菩萨。龛楣六方格内现存飞天三躯。龛楣上侧坐佛列龛风化殆尽。三龛之间及南、北两侧各雕五重楼阁式方塔一座，每层开龛，塔顶刹杆上雕相轮。北侧二塔风化无存。第四层覆莲带下列三个华盖龛。南龛忍冬三角纹华盖下雕一立佛、二菩萨。龛两侧雕供养天、夜义群像。中龛、北龛形制与南龛略同。三龛之间雕弟子像作为分界。第五层上部雕伎乐列龛二十四个，中部雕手执璎珞的化生童子二十三躯，下部雕坐佛二十三躯，坐佛身光之间，上、下各雕供养天一躯。

东壁

形制、雕饰与西壁略同。第一层雕六间屋形长廊，檐下雕斗拱与义手，每间雕供养人四躯，风化严重。第二层忍冬纹带下浮雕连环画形式的佛传故事，现存六幅。第三层覆莲带下并列三龛。北龛为圆拱龛，题材为"降伏火龙"。中龛为千佛龛，共十二行，每行十六龛。中央雕一盝形帷幕龛，内雕一佛二菩萨。南龛为盝形帷幕龛，题材为"鹿野苑说法"。北侧一塔风化无存，其余三座保存完好。第四层覆莲带下为三个华盖龛，除北龛北侧供养群像风化外，其余保存均好。第五层现存伎乐列龛二十三个，化生童子二十二躯，坐佛二十二躯。

南壁

南壁中部上开明窗，下凿拱门。东、西两侧形制与西壁略同。第一层门拱两侧各雕一间屋形长廊，廊内供养人行列已风化无存。第二层门拱两侧忍冬纹带下为浮雕连环画形式的佛传故事，现存六幅。第三层东、西两侧各雕一圆拱龛，内为一佛二菩萨，龛楣内雕坐佛十一躯，龛楣上沿中间雕博山炉，两侧雕飞天十五躯，楣尾雕二龙反顾。龛两侧各雕供养天三躯和供养菩萨三躯，龛上侧各雕坐佛列龛七个。明窗与门拱之间雕一屋形龛，正中为一坐佛，两侧为文殊、维摩。龛上侧雕坐佛列龛八个。龛下侧中央雕博山炉，两侧雕供养人十二躯。龛两侧各雕五重方塔一座。第四层明窗两侧各雕一华盖龛。第五层明窗两侧伎乐列龛十六个，化生童子十六躯，坐佛十二躯。

窟顶

窟顶雕平棊二周，四角各出一梁，上雕一重瓣团莲和二飞天。平棊内周雕夜义，外周雕诸天部。窟顶四周飞天围绕。窟顶雕刻风化严重，并经后世施彩。

第7窟

(1) 云冈中期

(2) 前、后室窟,平面为长方形。

(3) 前室

前室东西长8.8米,进深8米,地面低于后室0.25米。室内现存后世所建三层木结构楼阁一座,楼阁门窗均无,顶层前廊与第6窟楼阁第四层前廊相连。

北壁

北壁正中上开明窗,高3.80米,宽3.63米,下凿拱门,高5.10米,壁厚1.90米。壁面雕刻均严重风化,东侧残存立佛、菩萨和楼阁式多层塔遗迹。

西壁

西壁满壁雕千佛,多已风化。下层北侧辟一小拱门,可通第8窟。

东壁

上层雕供养天一列,中层分栏雕本生故事或佛传故事,下层雕供养人和伎乐天行列。雕刻皆严重风化。

南壁

南壁只残存东侧一段,风化严重。

后室

拱门与明窗

拱门西壁北侧雕三层楼阁式塔柱,柱头为化生童子像。层间由三角纹分隔,每层雕舞人二躯。南侧存一力士头像,其上侧雕三头六臂护法神像,身躯右侧风化,现存三臂一腿,一手托太阳,一手持物置膝上,一手举于胸前。东壁雕刻与西壁略同,风化严重。现存塔柱二层,其南侧雕三头四臂护法神像,身躯左侧风化,右侧两臂一手托太阳,一手置胸前。拱门顶部中央雕一团莲,四周绕以飞天六躯,均见风化。明窗西壁下部雕山岳,其上部雕上下两坐禅弟子,身左侧各雕一净瓶。东壁雕刻与西壁略同。两壁北侧各雕一菩提树交绕于拱顶,菩提树北侧各雕一菩萨立于束帛座上。

北壁

北壁顶部三角纹带下通壁凿上、下两层大龛。上层为盝形帷幕龛,高5.10米。龛内正中雕交脚菩萨,高4.8米,两侧各一倚坐佛,再其侧为思惟菩萨。交脚菩萨身前两侧各雕一狮,回首相望。雕像均风化严重。龛楣分为十二格,内雕飞天。其下悬帷幕,束挽处雕兽面。其上雕伎乐列龛十四个。下龛为圆拱龛,高3.75米,宽4.50米,内雕二佛并坐。龛大部分风化剥蚀,龛楣内现存飞天五躯,其上沿现存飞天九躯,手执璎珞;下沿正中雕交脚佛,两侧雕倚坐佛,现存八躯。龛下侧及左、右两侧雕刻风化无存。

西壁

西壁顶部三角纹带下分为六层,层间分别以覆莲纹或忍冬纹带相隔。第一层忍冬纹带下雕供养人行列,均风化无存。第二层忍冬纹带下雕二龛。南为圆拱龛,内雕坐佛,两侧各雕一梵志。龛外绕以山形,山间雕梵志八躯,手持净瓶,为降伏火龙故事龛。北龛为盝形帷幕龛,内雕坐佛。龛北侧风化,南侧存供养天五躯,龛楣内存飞天三躯。两龛之间以四层塔柱相隔,塔身以三角纹分层,每层并列二圆拱龛,内雕坐佛。塔刹处雕化生童子。第三层忍冬纹带下雕二圆拱龛,南龛内为坐佛,两侧各雕供养天四躯,上部雕飞天二躯。龛楣内雕供养天十一躯,外雕供养天三躯。北龛内雕坐佛,两侧束帛座上各雕一倚坐菩萨,上部雕飞天二躯,供养天二躯。两龛楣上绕以飞天四躯,供养天二躯。两龛楣尾均为回首

龙,两龛间龙首相交。龛柱雕饰卷叶。第四层覆莲纹带下为二盝形帷幕龛。南龛内雕一佛坐于须弥座上,两侧各雕一胁侍菩萨。龛楣格内雕飞天四躯,两端各雕供养天二躯。北龛内雕一交脚佛坐于狮子座上,两侧胁侍菩萨手提净瓶。龛楣雕饰与南龛略同。两龛之间及南、北两侧雕三座四层塔柱,分别由力士托扛。塔身由三角纹分层,南侧一塔每层雕一坐佛,其余二塔每层雕二坐佛。塔刹均饰蕉叶。第五层覆莲纹带下为二圆拱龛。北龛内雕一坐佛,两侧各雕供养天四躯上下排列,上部正中雕一宝珠,二飞天左右拱卫。龛楣正中雕坐佛,两侧各雕供养天六躯。楣尾为二龙回首,龛柱为束帛座。南龛龛楣内雕坐佛十三躯,其余均与北龛略同。第六层为并列七佛,身光之间雕弟子半身像。

东壁

第一层、第二层风化剥落,雕刻无存。第三层忍冬纹带下为二圆拱龛。北龛内雕坐佛,左侧雕一梵志,右侧风化无存。龛内及楣内共存飞天九躯。南龛内雕坐佛,腿部风化,两侧雕供养人六躯,上部雕四飞天。龛楣内雕坐佛十躯。楣尾为二龙回首,龛柱雕饰卷叶。第四层覆莲纹带下为二盝形帷幕龛。北龛内雕交脚佛坐于狮子座上,两侧各雕一胁侍菩萨,北侧一躯头毁,南侧一躯手提净瓶。龛楣格内雕飞天四躯,供养天二躯,两侧上部雕供养天各一躯。南龛内雕一佛坐于须弥座上,两侧各雕一胁侍菩萨,其余与北龛略同。两龛之间及南、北两侧雕三座四层塔柱,均由力士托扛。第五层覆莲纹带下为二圆拱龛。北龛内雕坐佛,两侧雕供养天十二躯,上部雕飞天二躯,龛楣内雕坐佛十三躯。南龛龛楣内雕供养天十二躯,其余与北龛略同。二龛楣尾均为二龙回首,龛柱雕束帛座。第六层并列七佛,身光之间雕弟子半身像。

南壁

第一层风化严重,雕刻无存。第二层拱门两侧各雕一方形塔柱,以三角纹分为三层,每层雕二舞人。塔顶雕蕉叶,上雕宝珠,塔柱由力士托扛,已见风化。东、西两侧忍冬纹带下雕二龛,东龛为盝形帷幕龛,内雕维摩像,身旁雕一供养天,身部风化。龛楣内外共雕飞天五躯。西龛上部雕三角纹华盖,内雕文殊像,两侧现存供养天四躯,飞天一躯。第三层忍冬纹带下为二圆拱龛。东龛内雕坐佛,两侧雕供养天八躯,飞天二躯。龛楣雕供养天十躯,楣尾为二龙回首,龛柱雕饰卷叶。西龛龛楣内雕坐佛八躯,其余与东龛略同。第四层覆莲纹带下为二华盖龛。东龛内雕坐佛,两侧各雕一胁侍菩萨,两菩萨上部各雕供养天三躯。西龛与东龛同。明窗与拱门之间开一长形帷幕龛,龛楣由十五方格组成,内雕莲花。龛内雕供养天六躯。其下侧雕飞天二躯,伎乐天六躯,中间雕博山炉。第五层明窗两侧各开一盝形帷幕龛。东龛内雕交脚菩萨坐于须弥座上,两侧各雕供养天三躯,龛楣格内雕飞天三躯,供养天二躯。西龛与东龛略同,龛内两侧各雕供养天二躯。第六层并列坐佛十三躯,身光间雕弟子半身像十四躯。

窟顶

窟顶雕平棊,纵横施桯,分为六格。格内中心各雕一抹角叠砌藻井,井心雕团莲,四周绕以飞天。桯间交叉处亦雕团莲,拱上雕飞天。共计团莲八朵,飞天四十八躯。

第8窟

(1) 云冈中期。

(2) 前、后室窟,平面为长方形。

(3) 前室

前室东西长9米,进深7.6米,高16米。

北壁

北壁正中上开明窗,下凿拱门。壁面雕刻风化无存。

西壁

雕千佛及供养人行列等,均风化严重。

东壁

壁面雕佛传故事或本生故事、供养人行列等,均风化严重。下层北侧辟一小拱门与第7窟相通。

后室

后室东西长9米,进深5.4米,高12.8米。

拱门与明窗

拱门高5.8米,宽4米,壁厚2米。东壁下层现存力士一躯,下身风化。上层雕三头八臂护法神像,身下雕一卧牛,上方雕一飞天。西壁下层与东壁略同。上层雕五头六臂护法神像,身下雕一孔雀,口衔宝珠,上方雕一飞天。拱顶正中雕一团莲,四飞天拱卫(残二躯)。明窗高4米,宽3.7米,壁厚1.42米。东壁下层雕山岳,其上部雕上下两坐禅弟子。西壁与东壁略同。两壁北侧各雕一菩提树,树枝交绕于拱顶,树北侧各雕一菩萨立于束帛座上。

北壁

北壁顶部三角纹带下分上、下两层大龛。上龛为盝形帷幕龛,高4.25米,宽8.25米,进深2米。龛内中央为倚坐佛,高4.4米,两侧各一交脚菩萨,再其侧为一思惟菩萨。龛楣十二格内各雕一飞天,龛楣上方雕伎乐列龛十四个,下方悬帷幕,束挽处饰兽头。龛像均见风化。下龛为圆拱龛,高4米,宽3.6米。龛内坐佛及壁面雕刻均风化无存。

东壁

顶部三角纹带下分六层。第一层为供养人行列,已风化无存。第二层忍冬纹带下列二龛。南龛为三角纹华盖龛,内雕坐佛,龛两侧雕群魔,现存十四躯,为降魔成道故事龛。北龛为盝形帷幕龛,内一佛二菩萨均见风化。两龛之间雕三层塔柱一座,每层雕坐佛二躯,柱头雕蕉叶,中出化生童子。第三层忍冬纹带下为二圆拱龛。南龛内雕坐佛,两侧雕捧钵供养天四躯,上部雕四飞天,中央雕莲花。楣内雕供养天八躯,楣尾为二龙反顾。北龛与南龛略同,龛内顶部中央为博山炉,楣内为坐佛九躯。第四层覆莲带下为二盝形帷幕龛。南龛内雕交脚佛坐于狮子座上,两侧各一胁侍菩萨,手提净瓶。楣内雕飞天四躯,楣外雕供养天二躯。北龛与南龛略同,龛内为坐佛。第五层覆莲纹带下为二圆拱龛,南龛内雕坐佛,两侧雕供养天十五躯,上部雕飞天二躯。楣内雕飞天八躯,供养天二躯,楣尾雕二龙回首,龛柱雕束帛座。北龛与南龛略同,楣内为坐佛十五躯。第六层为并列七佛,头间雕童子像。

西壁

西壁布局与东壁略同。下部龛像风化严重。

南壁

顶部三角纹带下分为六层。第一层雕刻风化无存。第二层门拱两侧卷草纹带下各雕一束腰莲花柱。其侧各为一格状帷幕龛,龛内雕像风化无存。第三层门拱两侧各雕一圆拱龛。东龛内雕坐佛,两侧雕供养天五躯,飞天四躯。楣内雕飞天四躯,楣外雕供养天四躯,楣尾为回首龙。西龛与东龛略同,楣内雕坐佛九躯。拱门与明窗之间为一长形帷幕龛,长4.7米,高1.7米,龛楣由十六方格组成,内雕莲花,龛内雕供养天六躯,其下方正中雕坐佛一躯,两侧雕供养天十躯,伎乐天四躯。第四层明窗两侧各雕一华盖龛,东龛内雕坐佛,两侧各雕一菩萨,华盖两侧雕供养天五躯。西龛与东龛略同。第五层明窗两侧各雕一盝形帷幕龛。东龛内雕交脚菩萨坐于须弥座上,两侧各雕供养天四躯,飞天一躯。龛楣三格内各雕一飞天。西龛与东龛略同。第六层并列坐佛十四躯,头间雕童子像。

窟顶

窟顶雕平棊,布局与第7窟窟顶略同。共雕团莲八朵,飞天五十五躯。

第5窟西壁立佛立面图

0   2 m

第 6 窟中心塔柱西壁立面图

0　　　　　　　　　2 m

第 6 窟北壁立面图

0   2m

第6窟东壁上层中部立佛等值线图

0   40cm

云冈石窟　第一卷

著者

宿白 (北京大学教授)

李治国 (云冈石窟文物保管所所长)

丁明夷 (中国社会科学院世界宗教研究所副研究员)

员海瑞 (云冈石窟文物保管所副研究馆员)

刘建军 (云冈石窟文物保管所助理馆员)

姜怀英 (文化部文物保护科学技术研究所高级工程师)

解廷凡 (云冈石窟文物保管所副所长、高级工程师)

李雪芹 (云冈石窟文物保管所助理馆员)

摄影

彭华士 (文物出版社)

高礼双 (山西省古建筑保护研究所研究馆员)

赵岐 (云冈石窟文物保管所副研究馆员)

员新华、张海雁、张晋华 (云冈石窟文物保管所助理馆员)

陈晋平 (山西省古建筑保护研究所助理馆员)

李建生 (山西省文物考古研究所助理馆员)

装帧

三村淳

仇德虎

责任编辑

段书安

山本恭一